صدر من هذه السلسلة:

1. مذكرات طالب رائع حقاً.
2. مغامرة طالب رائع حقاً.

سلسلة مذكّرات طالب

1. مذكرات طالب.
2. قوانين الأخ الأكبر.
3. القشّة الأخيرة.
4. أيّام الكلاب.
5. الحقيقة المُرّة.
6. جنون المنزل.
7. العجلة الثالثة.
8. الحظّ العاثر.
9. الرحلة الشاقة.
10. أيّام زمان.
11. الخطة الفاشلة.
12. بقلمك أنت.
13. رحلة الأحلام.
14. الحرب الباردة.
15. في القاع.

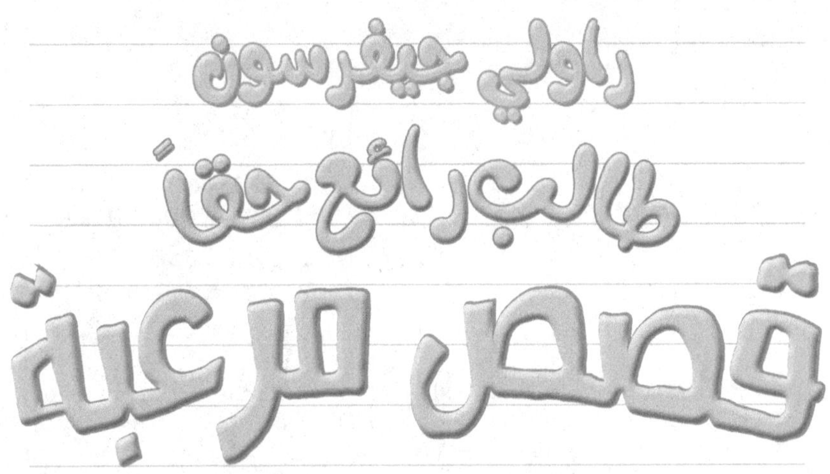

جيف كيني

ترجمة: زينة ادريس

الدار العربية للعلوم ناشرون
Arab Scientific Publishers, Inc.

عين التينة، شارع المفتي توفيق خالد، بناية الريم
هاتف: 786233 – 785108 – 785107 (1-961+)
ص.ب: 13-5574 شوران – بيروت 1102-2050 – لبنان
فاكس: 786230 (1-961+) – البريد الإلكتروني: asp@asp.com.lb
الموقع على شبكة الإنترنت: http://www.asp.com.lb

قصص مرعبة

احذروا أيّها القرّاء!

بووو! هل أخافكم ذلك؟

في هذه الحالة، ربّما يجدر بكم أن تضعوا هذا الكتاب من أيديكم وتختاروا كتاباً آخر أقلّ إثارة للرعب. فثمّة بعض الكتب الجيّدة عن وحيدات القرن والجِراء ومواضيع أخرى تبعث على السرور يمكنكم قراءتها إلى أن تصبحوا جاهزين لكتاب مثل هذا.

أمّا إذا كنتم تحبّون سماع حكايات عن الهياكل العظمية والزومبي والرؤوس البشرية، فازحفوا تحت اللحاف واقلبوا هذه الصفحة.

وإذا استبدّ بكم الخوف، يمكنكم دائماً النوم في سرير أهاليكم. لكن من فضلكم لا تخبروهم عن سبب شعوركم بالفزع لأنّني لا أريدهم أن يغضبوا منّي.

التغيير

في قديم الزمان عاش صبيّ يدعى روان، وكان روان طفلاً سعيداً. فقد أحبّه والداه كثيراً واشتريا له ما أراد من الألعاب ليتسلّى بها.

في بعض الأحيان كان روان يُحضر ألعابه إلى المدرسة ويلعب بها في فترة الاستراحة، لكنه توقّف عن فعل ذلك بعد أن تعرض للتنمّر من قبل بعض الأولاد الحمقى.

حزن روان كثيراً بسبب ذلك لأنّه كان يعتبر هذه الألعاب أجمل ما في مرحلة الطفولة. غير أنّ زملاء روان في الصفّ خالفوه الرأي تماماً وحاولوا دائماً التظاهر أنّهم أكبر سنّاً مما هم عليه في الواقع.

في أحد الأيام عندما كان روان في الصفّ شعر بدغدغة غريبة تحت إبطه. لم يعرف سبب هذا الإحساس لذلك طلب من مدرّسته السيدة بنينغتون أن تعطيه الإذن لكي يذهب إلى الحمّام ويتحقّق ممّا يجري.

عندما دخل روان الحمّام خلع قميصه ونظر إلى المرآة. وكم كانت صدمته كبيرة عندما رأى شعرة تنمو في وسط إبطه تماماً.

لم يعرف روان ماذا يفعل لذلك ارتدى قميصه مجدّداً وعاد إلى الصفّ. لكن عندما جلس في مكانه شعر كأنّ كلّ من في الغرفة باتوا يعرفون أنّه ثمّة شيء قد اختلف فيه، حتّى السيّدة بنينغتون.

عندما رن جرس الانصراف، عاد روان إلى المنزل وهو يجري بأقصى سرعته. كان يعلم أن والدته تحتفظ بملقط في الحمام وقد أراد استخدامه لنزع هذه الشعرة بأسرع ما يمكن.

لكن عندما خلع قميصه تبيّن له أنّ الأوان قد فات على استخدام الملقط.

فجأة بدأ الشَّعر ينبت على جسد روان بالكامل ولم يلبث أن اكتسى بالشّعر تقريباً.

عندئذٍ أصيب روان بالذعر تماماً. فهُرع فوراً إلى الخزانة في حمّام والدَيه وبحث فيها عن أيّ شيء قد يساعده في محنته إلى أن وجد مستحضراً واعتقد أنّه سيفي بالغرض.

ولكن لا يجوز للأطفال أن يعبثوا بمحتويات خزائن حمام والديهم على الإطلاق. فبعد ثانيتين من فتح الزجاجة أغمي على روان بسبب الأبخرة التي تصاعدت منها.

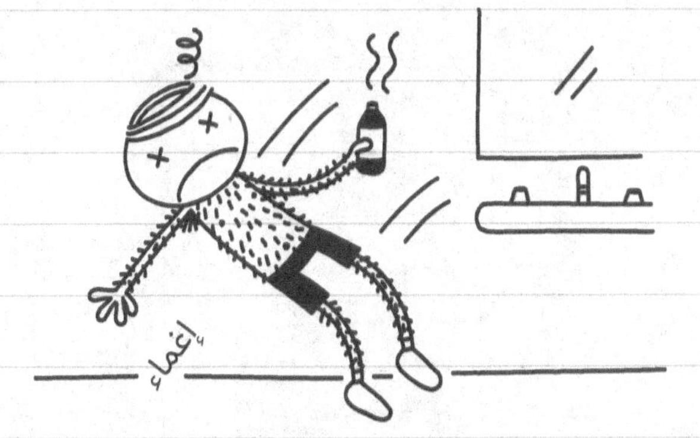

عندما استيقظ روان وجد نفسه ممدّداً في فراشه. في البداية اعتقد أن الأمر برمّته كان مجرّد حلم مزعج وقد استفاق منه أخيراً. لكنّ نظرة واحدة إلى ذراعه كانت كفيلة بتأكيد العكس.

دخل والدا روان الغرفة للاطمئنان عليه وكان يخشى أن يتعرّض للتوبيخ لأنّه فتح زجاجة مزيل الشعر تلك من دون أن يطلب منهما الإذن أوّلاً. لكنّ لم يبد عليهما الغضب على الإطلاق لا بل في الواقع بدوا سعيدَين نوعاً ما.

قال والدا روان إنّهما كانا ينتظران هذا اليوم منذ سنوات وقد حان الوقت أخيراً لإجراء «حديث» معه.

اعتقد روان أنّهم أجروا هذا الحديث أساساً عندما أخبره والداه من أين يأتي الأطفال. لكنّهما قالا له إنّ هذا الحديث مختلف تماماً.

قال والداه إنّه في بعض الأحيان عندما يبلغ الطفل سنّاً معينة يبدأ جسمه بالمرور بمرحلة من «التغيير». شعر روان بالاستغراب عندما سمع ذلك وأصابه الحزن لأنّه كان يحب نفسه كما هو ولا يريد أن يتغيّر فيه شيء.

اعتقد روان الآن أنّه بات يعرف إلى أين يتّجه هذا الحديث لذلك طرح السؤال الذي كان يشغل باله طوال ذلك اليوم.

قهقه والدا روان ما إن سمعا هذا السؤال. فشعر روان بحرج كبير لأنّهما استغرقا وقتاً طويلاً حتّى توقّفا عن الضحك.

بعد أن مسح والد روان الدموع التي سالت من عينَيه، قال إنّ روان لا يزال ولداً لكنّه أصبح ولداً من نوع مختلف. وعندما سأل روان والدَه عمّا يعنيه بذلك أبلغه بخبر سيّئ.

لم يكن هذا ما أراد روان سماعه إطلاقاً. ولكن عندما رأت والدة روان نظرات القلق على وجه ابنها، قالت إن هذا اليوم مناسبٌ للاحتفال.

قال والدا روان إنّهما ينتميان إلى سلالة طويلة من الذئاب البشريّة. وفجأة أصبحت الصور المعلّقة على حائط الدرج أكثر منطقية بالنسبة إلى روان.

ثمّ ما لبث أن أعطاه والداه مزيداً من الأخبار السيّئة. فأعلنا أنّهما ذئبان بشريّان هما أيضاً.

بدأ روان يتذكّر أدلة رآها وهو يكبر وكان ينبغي أن يدرك من خلالها أنّ والدَيه ذئبان بشريّان. لكن يبدو أنّه في أعماق قلبه لم يشأ الاعتراف بتلك الحقيقة.

عندئذٍ بدأ روان بالبكاء. قال إنّه لا يريد سوى أن يكون طفلاً عاديّاً وأن يعيش حياة طبيعية كغيره من الأولاد.

لكنّ والدَيه أكّدا له أنّ بإمكان الذئب البشريّ أن يعيش حياة طبيعيّة تماماً مثل جميع الناس ما دام يثابر على العناية بجسده ويُخفي هويّته الحقيقيّة عن بقيّة العالم.

مع ذلك لم يكن لدى روان أيّ رغبة في إخفاء هويّته عن الناس. فقد تعلّم دائماً أن يكون على طبيعته وهذا ما نوى القيام به.

غير أنّ والدَي روان أخبراه أنّ هناك أناسًا جهلة في العالم لا يحبّون الاختلاط بالأشخاص المختلفين عنهم.

كان روان يعرف تماماً نوع الأشخاص الذين يتحدّث عنهم والداه.

في تلك اللحظة، طرح روان على والديه سؤالاً مع أنّه لم يكن متأكّداً أنّه جاهز لسماع الإجابة.

بدا شيء من الانزعاج على والدَي روان وقالا إنّ هذا سيكون موضوع حديث آخر يجرونه في وقت لاحق.

لكن كان لدى روان شعور أنّه يعرف أساساً الجواب على سؤاله. لذلك أحضر معه ألعابه في اليوم التالي ليلعب بها في الاستراحة. وهذه المرّة لم يجرؤ أحد على العبث معه.

أُعجبَ والدا روان بجرأته فحذَوا حذوه وقرّرا التوقّف عن إخفاء هويّتهما هما أيضاً. ومنذ ذلك اليوم، عاش روان وعائلته على طبيعتهم وكان على بقيّة الناس أن يتقبّلوهم كما هم.

مدبّر
المقالب

في قرية ساحلية صغيرة في مكان ما في أوروبا عاش رجل يدعى جاسر. وكان الجميع يعرفون تماماً من يكون جاسر لأنّه أكبر مدبّر مقالب في القرية.

كانت معظم مقالب جاسر غير مؤذية. ففي إحدى المرّات غلّف سيّارة الخبّاز بورق الهدايا، وفي مناسبة أخرى ملأَ كشكَ الهاتف الوحيد في القرية بالفوشار.

في بعض الأحيان كان جاسر يحيك المقالب حتّى لأفراد عائلته. في الواقع لم تسامحه والدته تماماً بعد على مقلب إلصاق جميع أثاث البيت بالسقف.

غير أنّ أشهر مقالب جاسر كان يوم علّق السروال الداخلي لعمدة البلدة فوق سارية العلم، الأمر الذي وجده الجميع مضحكاً للغاية. في الحقيقة الجميع ما عدا العمدة.

تلك كانت المشكلة تحديداً مع مقالب جاسر. فمعظم الناس يجدونها مسلّية ومضحكة جدّاً ما لم يكونوا هم ضحيّة المقلب الشنيع.

على أيّ حال استيقظ جاسر في صباح أحد الأيّام وراح يفكّر في الشخص الذي سيكون ضحيّة مقلبه لهذا اليوم. كان محتاراً ولم يستطع أن يقرّر هل يلفّ منزل الجيران بمناديل الحمّام أم يستبدل حشوة الكعك المحلّى لدى الفرّان بمعجون أسنان؟

شعر أنّ مقلب مناديل الحمّام يتطلّب كثيراً من الجهد وقد مرّ وقت طويل منذ أن دبّر جاسر مقلباً للفرّان جوريس لذلك وقع اختيار جاسر على مقلب الكعك المحلّى لهذا اليوم.

نهض جاسر من السرير وسرّح شعره، ثمّ صعد التلّ متوجّهاً إلى الفرن. وفي طريقه إلى هناك مرّ ببعض الأشخاص الذين يعرفهم.

لوّح لماريان الخيّاطة ولميكي تاجر الجبن لكنّهما واصلا طريقهما من دون أن يردّا له التحيّة.
فاعتقد أنّهما ما زالا غاضبَين منه على الأرجح لأنه دهن نوافذ متجرَيهما بالخردل في الأسبوع الفائت.

أصبحت الأمور أكثر غرابة عندما دخل جاسر الفرن. كان صديقه ديتر صانع الأحذية في طريقه إلى الخارج وعندما قال له جاسر مرحباً، تجاهله ديتر تماماً.

وبعد بضع ثوانٍ عندما دخلت مارتا أمينة المكتبة لشراء رغيف الخبز الفرنسي اليومي، مرّت بجاسر كما لو أنّها لم تره.

عندما ذهبت مارتا لتدفع ثمن رغيف الخبز، انشغل بها جوريس وتشتّت انتباهه فقرّر جاسر أن يقوم بخطوته في أثناء ذلك. أخرج أنبوب معجون الأسنان من جيبه وأمسك بالغطاء الزجاجي لطبق الكعك المحلّى.

أو على الأقلّ حاول ذلك. فعندما مدّ جاسر يده إلى الغطاء ليرفعه مرّت يده من خلاله.

شعر جاسر بالإرباك الشديد وخرج وهو يجري من الفرن إلى الشارع. لكنّ ما حدث بعد ذلك أثار استغرابه أكثر. فعندما وقف أمام متجر المرايا لم يرَ انعكاساً لصورته في المرآة.

أدرك جاسر أنّ أحداً لا يستطيع رؤيته أو سماعه على الإطلاق. فراح يتصرّف كالأحمق، ومع ذلك لم يلحظه أحد.

وحتّى عندما دخل صفّ «أنا وماما» في صالة اليوغا، واصل الجميع القيام بتمارينهم كما لو أنّه ليس له وجود.

حاول جاسر أن يقنع نفسه أنّ هذا أمر جيّد، لأنّه إذا كان الناس عاجزون عن رؤيته فإنّه سيتمكّن من تنفيذ بعض المقالب التاريخيّة حقّاً.

في تلك اللحظة تماماً مرّ صفّ من الناس متجاوزين جاسر. كان بينهم بْروم، صديقه المقرّب منذ الطفولة، وأوّل معلّمة له في المدرسة، السيدة فان دايك. كان الجميع يرتدون ملابس سوداء ويبدو عليهم حزن بالغ.

ثمّ رأى جاسر والدته تسير في آخر الصفّ وهي تنوح وتبكي.

كان الجميع متجهين إلى الكنيسة، فتبعهم إلى الداخل. ومع أنّ جاسر كان يعلم أنّ أحداً لا يستطيع رؤيته، إلّا أنّه شعر بشيء من الإحراج لأنّ ملابسه لا تليق بهذا المكان ولذلك جلس في الخلف بمفرده.

لم يستغرق جاسر وقتاً طويلاً حتّى اكتشف أنّه كان في جنازة. غير أنّه كان لا يزال مصدوماً عندما أدرك جنازة من كانت في الواقع.

قال الكاهن إنّ الشابّ الذي مات كان يلفّ مناديل الحمّام حول الفناء الأمامي لأحد الأشخاص عندما ضربته صاعقة. ولا شكّ أنّكم عرفتم الآن أنّ ذاك الشابّ ليس سوى جاسر.

الآن عرف جاسر الحقيقة. لم يكن غير مرئيّ طوال هذا الوقت، بل كان ميتاً. هكذا اضطرّ للجلوس هناك بينما توافد الجميع إلى مقدّمة الكنيسة لإلقاء بضع كلمات.

في الجنازات يقول الناس عادة أشياء لطيفة عن الشخص المتوفّى. لكن في ذلك اليوم فوجئ جاسر لأنّ هؤلاء الناس لم يجدوا شيئاً للتحدّث عنه سوى مقالبه المزعجة.

للمرّة الأولى على الإطلاق، استطاع جاسر أن يرى أنّه في بعض المرّات تمادى كثيراً في مقالبه. فتمنّى لو كان بإمكانه أن يعيش حياته بأكملها من جديد ويصبح صيّاداً أو أمين مكتبة أو أيّ شيء آخر غير مدبّر المقالب في القرية.

بعد أن تحدّث آخر الموجودين، حان وقت الوداع الأخير. وعندما اقتربت والدة جاسر من النعش شعر بغصّة في حلقه وصعب عليه رؤية المشهد.

لم يكن لدى جاسر أيّ فكرة عما يفترض أن يفعله المرء في الجنازة عندما يكون هو الميت. لهذا السبب، وعلى الرغم من غرابة ذلك، فقد اقترب من النعش ليقول وداعاً هو الآخر.

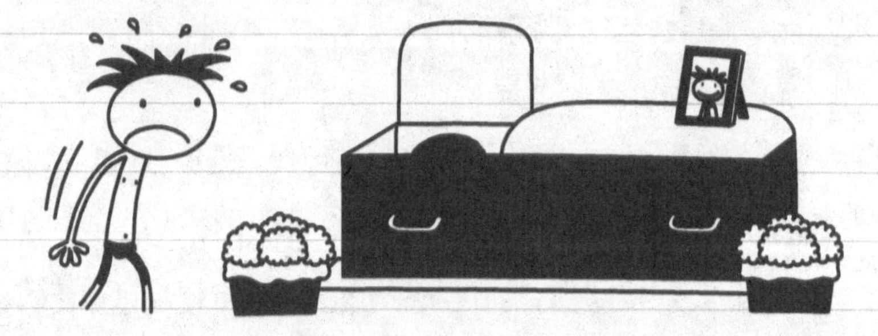

لكن لم يكن ثمّة جثة في النعش على الإطلاق.

لم يجد هناك سوى يقطينة رُسم عليها وجه يشبه جاسر إلى حدّ ما.

فجأة انفجر الجميع بالضحك دفعة واحدة. وفي تلك اللحظة تماماً أدرك جاسر أنّه لم يمت حقّاً بل هو لا يزال حيّاً يُرزق، لكنّه وقع ضحيّة مقلب كبير.

كان جاسر سعيداً لكونه على قيد الحياة لكنّه بصراحة انزعج كثيراً لأنّ خدعة القرويين انطلت عليه فعلاً.

بالإضافة إلى ذلك كان لديه كثير من الأسئلة.

أوّلاً، لم يفهم بعد كيف مرّت يده عبر الغطاء الزجاجي لطبق الكعك المحلّى في الفرن. فأوضح له جوريس أنّ ابن أخيه نابغة في التكنولوجيا وأنّ طبق الكعك المحلّى بأكمله كان عبارة عن صورة ثلاثية الأبعاد.

وعندما سألهم جاسر عن سبب عدم تمكّنه من رؤية انعكاس صورته في المرآة، أجاب مالك متجر المرايا أنّه استبدل المرايا بأجهزة تلفاز تعرض رصيفاً خالياً من المارّة.

ثمّ قال الأشخاص الذين كانوا في صالة اليوغا إنّ أمرهم كاد أن يُفتضح عندما اقتحم جاسر صفّهم من دون سابق إنذار.

تبيّن في النهاية أنّ القرية بأكملها كانت مشارِكة في ذلك المقلب. وبما أنّ جاسر كان خبيراً في تدبير المقالب فقد صعب عليه الاعتراف أنّ حيلتهم انطلت عليه بتلك السهولة.

قال جاسر للقرويّين إنّ مقلبهم لا بأس به لكنّ مقالبه أفضل بكثير.

أخيراً قال الكاهن إنّه كان مقلباً مزدوجاً لأنّ نيزكاً اصطدم بالأرض في اليوم الفائت ومسح القرية عن بكرة أبيها بمن فيها.

هذا يعني أنّهم قد ماتوا جميعاً وتحوّل كلّ أهالي القرية إلى أشباح.

حسناً، كانت تلك المرّة الثانية في يوم واحد التي يكتشف فيها جاسر أنّه مات، لكنّ وقع الخبر عليه كان أخفّ وطأة هذه المرّة. في الواقع لطالما أراد جاسر السفر، وما دام قد أصبح شبحاً فقد صار بإمكانه السفر أينما يشاء.

هكذا صعد إلى قمّة المنارة ووجّه نفسه نحو باريس.

لكن اتّضح أنّ قصّة النيزك الذي اصطدم بالأرض كانت مجرّد مزحة هي الأخرى. وهذه المرّة شعر القرويّون أنّهم هم الذين تمادوا في مزاحهم أكثر من اللازم.

الصديق الشبح
قصص مخيفة

كان راستي وغابي صديقَين مقرّبَين منذ أيّام الطفولة. كلّ يوم بعد المدرسة كانا يذهبان إلى منزل راستي ويُمضيان الوقت معاً وفي عطل نهاية الأسبوع كانا يشاهدان فريق كرة القدم المفضّل لديهما وهو يلعب على التلفاز.

كان راستي وجابي يتّفقان بشكل رائع في معظم الأوقات ولكن بين الحين والآخر كان غابي يفعل شيئاً يزعج به راستي. مع ذلك، كان راستي يعلم أنّه من الممكن حتّى لأفضل الأصدقاء أن يثيروا أعصاب بعضهم البعض أحياناً.

ذات يوم حلّت مصيبة فظيعة على غابي. ولا أريد الخوض في التفاصيل لأنّ ما حدث محزن للغاية بالنسبة إلى كتاب للأطفال.

في وقت لاحق من ذلك العام شعر راستي بحزن كبير لأنّه اشتاق إلى صديقه العزيز. وعلى الرغم من أنّ غابي لطالما ضايق صديقه في الماضي إلّا أنّ راستي كان على استعداد لفعل أيّ شيء ليُمضي ولو بضع ساعات أخرى مع رفيقه.

فجأة ومن دون سابق إنذار هبّ نسيم من الهواء البارد في غرفة راستي وعندما استدار رأى أمامه صديقَه العزيز غابي.

أنتم تقولون الآن على الأرجح «أوه ييدو أنّ غابي لم يمت حقّاً!» لكنّكم مخطئون مع الأسف. فذاك لم يكن غابي بلحمه ودمه بل شبح غابي.

قال غابي إنّه عاد إلى عالم الأحياء لأنّه علم أنّ راستي بحاجة ماسّة إليه. وهذا ما جعل راستي يشعر حقّاً بتأنيب الضمير بسبب كلّ المرّات التي انزعج فيها من تصرّفات غابي.

أضاف غابي أنّه لم يعد مضطرّاً للعودة إلى المنزل بما أنّه أصبح شبحاً الآن، وبوسعهما تمضية الليل بطوله معاً إذا رغبا في ذلك.

في الواقع كان راستي سعيداً بعودة صديقه لكنّ مسألة السهر إلى ساعة متأخّرة سبّبت له شيئاً من التوتّر لأنّ غداً يوم دراسة وكان يحبّ أن ينام باكراً. غير أنّ راستي لم يقل أيّ شيء لأنّه كان يعلم جيّداً أنّ غابي سيسخر منه ويقول إنّه يحبّ أن يبدو بمظهر الولد الطيّب.

قال راستي إنّه من الأفضل ربّما أن ينزل إلى الطابق السفلي ويخبر والدَيه أنّ غابي قد عاد لكنّ غابي منعه قائلاً إنّ ذلك سيفسد عليهما فرحتهما وطلب منه إبقاء مسألة الشبح سرّاً بينهما.

واقترح غابي على صديقه أن يجلسا معاً ويلعبا ألعاب الفيديو كما اعتادا أن يفعلا في الأيام الخوالي.

لكن عندما أعطاه راستي جهاز التحكّم سقط من خلال يديه.

اتّضح أنّه منذ أن أصبح غابي شبحاً لم يعد بإمكانه لمس أيّ شيء على الإطلاق. لذلك جعل راستي يلعب عنه الأمر الذي لم يجده راستي ممتعاً حقّاً.

بعد بضع ساعات أعلن راستي أنّ عليه إنجاز فروضه المنزلية.

قال غابي إنّه سعيد لأنّه لم يعد مضطّراً لأداء فروضه المدرسية منذ وفاته. واستمرّ في الكلام الأمر الذي منع راستي من التركيز على فروضه كما ينبغي.

أخيراً شغّل راستي التلفاز على لعبة كرة قدم حتّى يكفّ غابي عن إزعاجه لبعض الوقت. لكنّ غابي راح يطلق صيحات الاستهجان طوال الوقت، ولم يستطع راستي معرفة ما إذا كان ذلك بسبب عدم إعجاب غابي بأحد الفريقين أم أنّه يصدر أصوات أشباح وحسب.

بعد قليل، شعر غابي بالملل من المباراة وبدأ بتجربة قوى الأشباح التي اكتسبها مثل المرور عبر الجدران وما إلى ذلك. وهذا جعل من الصعب أكثر على راستي التركيز على فروضه المدرسية.

يئس راستي من إمكانية إنجاز فروضه فصرف النظر عن ذلك وأخبر غابي أنّ موعد نومه قد حان. لكنّ غابي قال إنّ هذا الأمر غير ملائم بالنسبة إليه لأنّ الأشباح لا تنام.

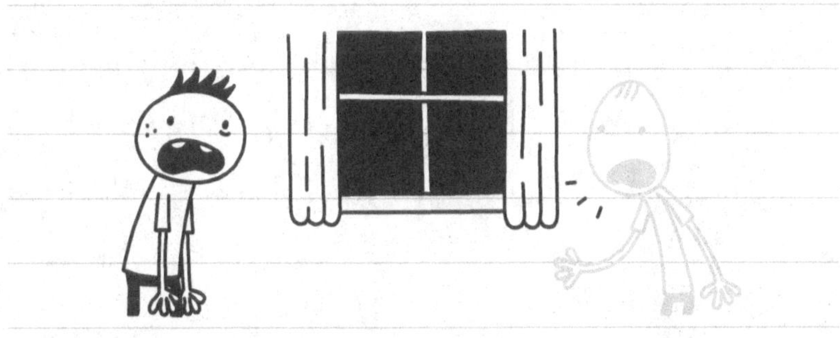

استعدّ راستي للخلود إلى الفراش وتمنّى أن يطير غابي بعيداً إلى حيثما تذهب الأشباح في الليل. ولكن حتّى بعد أن أصبح راستي تحت الأغطية وأطفأ المصباح لم يبارح غابي الغرفة أو يكفّ عن الكلام.

كانت كلّ أحاديث غابي تدور حول تلك الفتاة المدعوّة كيلسي ريد والتي كان معجباً بها للغاية.

استغرق راستي في النوم بطريقة ما وعندما استيقظ في الصباح التالي كان غابي ما زال يتحدّث. واستمرّ في الحديث بينما كان راستي يستعدّ للذهاب إلى المدرسة.

أخبر راستي صديقه أنّه سيراه مجدّداً عندما يعود من المدرسة. إلّا أنّ غابي قال إنّه سيملّ كثيراً من الانتظار في غرفة نوم راستي طوال اليوم لذلك سيرافقه إلى الصفّ.

اتّضح أنّ راستي كان الشخص الوحيد الذي يمكنه رؤية غابي أو سماع صوته، وقد تحدّث طوال الطريق إلى المدرسة. غير أنّ راستي لم يرّد عليه حقّاً لئلّا يظنّ الناس أنّه يحدّث نفسه.

كانت حصّة العلوم الحصّةَ الأولى لذلك اليوم. ولسوء الحظّ كان ماركوس ميكس غائباً ممّا يعني أنّ المقعد الواقع خلف راستي مباشرة كان خالياً.

أمّا الحصّة التالية فكانت حصّة اللغة الإسبانية التي تضمّنت اختباراً قصيراً. وبما أنّ راستي لم يحصل في الليلة السابقة على فرصة لإلقاء نظرة على الملاحظات التي دوّنها فقد أدرك أنّه في ورطة. ولكن تلك هي الحالات التي يعتبر فيها الصديق الشبح مفيداً.

وضع مدرّس راستي علامة الاختبار أثناء الحصّة. وعندما استلم راستي ورقته تذكّر أنّ غابي كان فاشلاً دائماً في اللغة الإسبانية.

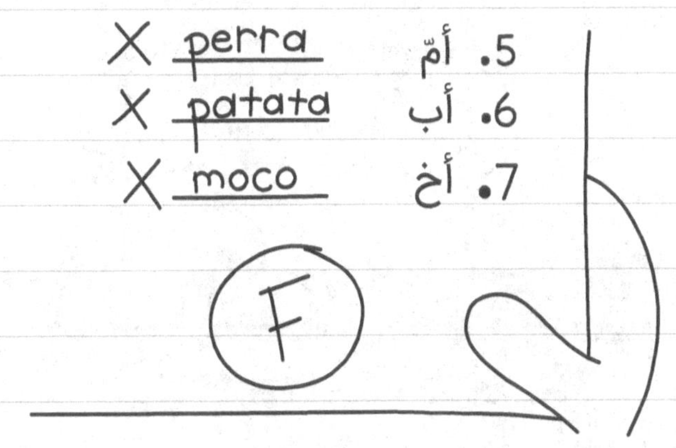

في فترة الاستراحة، كان راستي متعباً جدّاً ولم يشعر بالرغبة في لعب الكرة مع بقيّة الأولاد لذلك جلس على المقعد. وما لبثت كيلسي ريد أن أتت وجلست بجانبه.

بدأت كيلسي تتحدّث إلى راستي وكانت لطيفة حقًّا.
لكن عندما حاول راستي أن يتكلّم بالكاد استطاع
التفكير لأنّ غابي أخذ يشوّش عليه.

في طريق العودة إلى المنزل لم يكفّ غابي إطلاقاً
عن الحديث عن كيلسي ريد. وهذه المرّة لم يكلّف
راستي نفسه عناء الإجابة.

في تلك الليلة كان على راستي أن يدرس من أجل أحد الاختبارات ولكنّ غابي جعل هذا الأمر مستحيلاً بالطبع.

أصبح راستي منهكاً وفي غاية التوتّر وأخيراً فقد أعصابه.

ألقى راستي باللوم على غابي بسبب الدرجة السيّئة التي نالها في اختبار اللغة الإسبانية وقال إنّ حديثه المستمرّ كان يدفعه إلى الجنون. ثمّ أعلن أنّه ربّما لم يكن يجدر بغابي العودة في الأساس.

لكن ما إن خرج الكلام من فم راستي حتّى تمنّى لو كان باستطاعته الرجوع عنه على الفور لأنّه أدرك أنّه جرح مشاعر صديقه من دون أن يقصد.

قال غابي إنّه إذا كان هذا ما يشعر به راستي حياله فربّما يجدر به أن يعود من حيث أتى. لدى سماع هذا الكلام دمعت عينا راستي قليلاً لأنّه كان يعلم أنّه إذا ما رحل غابي نهائيًا فمن المحتمل أن يبدأ بالاشتياق إليه من جديد.

اعتذر راستي من صديقه وقال إنّه لا يريد لغابي أن يعود من حيث أتى.

هكذا بقي غابي في هذا العالم ولمدّة غير قصيرة أيضاً. فتراجعت علامات راستي في المدرسة ولم يكلّف نفسه عناء الذهاب إلى الجامعة لأنّه كان يعلم سلفاً أنّه لن يتمكّن من إنجاز أيّ عمل كان بوجود غابي في الصورة. بالإضافة إلى ذلك لم يصادق أيّ فتاة على الإطلاق لأنّه كان يعلم أنّ غابي قد يفسد عليه ذلك أيضاً.

وعلى الرغم من أنّ راستي كان سعيداً بوجود صديقه العزيز بالقرب منه، إلّا أنّه تساءل أحياناً عمّا إذا كان قد ارتكب خطأً فادحاً.

مصّاصة
الدماء

ذات مرّة عاشت فتاة صغيرة تدعى ليلي. منذ أن كانت ليلي طفلة، كانت تحبّ وضع الأشياء في فمها.

ربّما كنتم تقولون الآن «هذا طبيعيّ تماماً فجميع الأطفال يحبّون وضع الأشياء في أفواههم». لكن صدّقوني هذه الطفلة كانت مختلفة.

فهي لم تكن تضع في فمها ألعاب الأطفال فحسب، بل كلّ شيء. لذلك اعتاد والدا ليلي على إيجاد أغراضهما مبلّلة بلعاب طفلتهما طوال الوقت.

قالت طبيبة الأطفال لوالدَي ليلي إنّ طفلتهما في مرحلة التسنين ولهذا السبب كانت بحاجة دائماً إلى شيء تمضغه.

لذا حاول والدا ليلي تجاهل الأمر وترك الطبيعة تأخذ مجراها. ولكن ما لبثت أسنان ليلي أن بدأت تظهر وكانت حادّة بالفعل.

ظلّ والدا ليلي يأملان أن تجتاز ابنتهما هذه المرحلة لكنّ ذلك لم يحدث على الإطلاق.

عندما كبرت ليلي قليلاً، حاول والداها ترتيب مواعيد لكي تلعب مع أطفال آخرين، لكنّ هؤلاء كانوا يغادرون دائماً وهم يبكون.

اشترى والدا ليلي مجموعة من الكتب للمساعدة في تعليم ابنتهما أن العضّ سيّء ولكن لا يبدو أنّها كانت تستوعب الدرس حقاً. بالإضافة إلى ذلك كانت الكتب من أكثر الأشياء التي تحبّ ليلي مضغها.

عندما أصبحت ليلي بسنّ مناسبة للذهاب إلى روضة الأطفال طوال اليوم لم يكن لديها كثير من الأصدقاء. فشعر والداها بالقلق من فكرة إرسالها إلى المدرسة بسبب مشكلة العضّ التي لم يجدا لها حلّاً بعد لكنّهما أمِلا أن تتمكّن معلّمة ليلي ربّما من العثور على طريقة أفضل للتعامل معها.

لكن كان يجدر بهما على الأرجح إعطاء المعلّمة بعض التنبيهات بشأن ليلي عندما أوصلاها إلى المدرسة في ذلك اليوم.

هكذا تمّ إرسال ليلي إلى البيت في وقت مبكر من أوّل يوم لها في روضة الأطفال. وكانت هذه مشكلة كبيرة بالنسبة إلى والدَيها لأنّهما كانا يعملان من المنزل ولا يمكنهما مراقبتها على الدوام.

اصطحباها مجدّداً إلى طبيبة الأطفال لمعرفة ما إذا كان ثمّة أيّ شيء يمكنها القيام به. فأجرت الطبيبة بعض الاختبارات وبعد بضعة أيام استدعتهما لإخبارهما بالنتائج.

اتّضح أنّ سبب حبّ ليلي لعضّ الأشياء هو أنّها في الواقع مصّاصة دماء. وعلى الرغم من أنّ وقع هذا الخبر لم يكن سهلاً على والدَي ليلي، إلّا أنّهما كانا سعيدَين بحصولهما على بعض الإجابات في النهاية.

قالت الطبيبة إنّ الخبر السارّ أنّ مصاصي الدماء ليسوا معديين ما دام نموّهم لم يكتمل بعد، لذا فإنّ العضّ في هذه المرحلة مزعج لا أكثر.

لم يفهم والدا ليلي كيف كانت ابنتهما مصّاصة دماء مع أنّ أيّاً منهما لم يكن كذلك.

ولكن ما لبثت والدة ليلي أن تذكّرت أنّها عندما كانت حاملاً بابنتها تعرّضت لعضّة خفّاش ولا بدّ أنّ تلك الحادثة كانت هي السبب.

فرح والدا ليلي بمعرفة أسباب الحالة التي تعاني منها ابنتهما لكنّ ذلك لم يحلّ المشكلة بعد. فقد كانا بحاجة حقّاً إلى إرسالها إلى المدرسة لكنّهما لن يتمكّنا من ذلك إذا كانت ستستمرّ في عضّ الناس.

قالت طبيبة الأطفال إنّه ثمّة مدرسة خاصّة يمكن أن تتعلّم فيها ليلي مع أطفال آخرين مثلها تماماً. ولكن على الرغم من أنّ الكتيّب بدا لطيفاً، إلّا أنّ والدا ليلي كانا يعلمان أنّهما لا يستطيعان تحمّل تكاليف إرسالها إلى مكان كهذا.

سأل والدا ليلي طبيبة الأطفال ما إذا كان ثمّة أيّ شيء آخر يمكنها فعله لأجل ابنتهما. فما كان من الطبيبة إلّا أن كتبت إفادة طبّية موجّهة إلى مدرسة ليلي تشرح فيها الوضع.

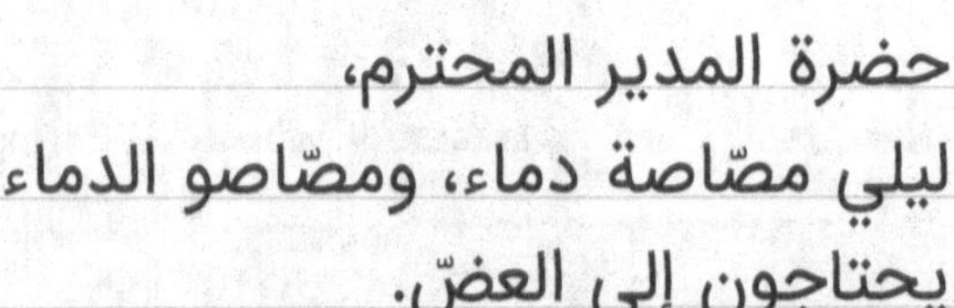

من جانب الطبيبة نيشا ساد:

حضرة المدير المحترم،
ليلي مصّاصة دماء، ومصّاصو الدماء يحتاجون إلى العضّ.

اتّضح في الواقع أنّ المدرسة تفهّمت الوضع على نحو رائع. فقد أجرى المسؤولون جميع أنواع التغييرات اللازمة في الفصل ومنذ ذلك الحين لم يعد عضّ ليلي لمعلّمتها يسبّب مشكلة تُذكر.

حتّى إنّهم أجروا تغييرات في الكافتيريا حتى تشعر ليلي أنّها واحدة منهم.

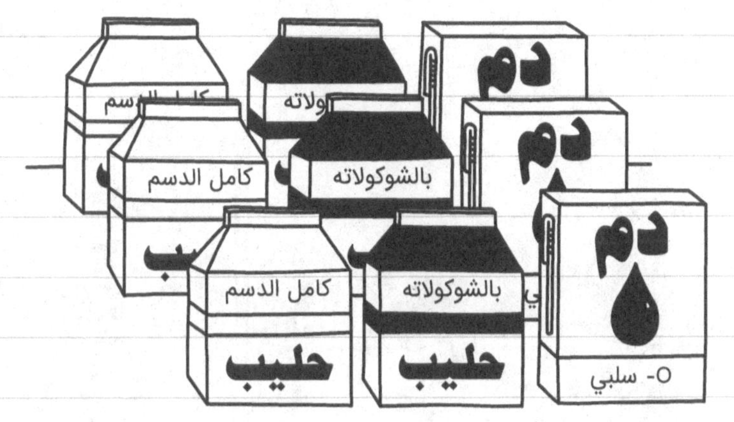

وجد زملاء ليلي في الصفّ أنّه من المسلّي أن يكون الإنسان مصّاص دماء، لذلك أراد الجميع الآن أن يكونوا أصدقاءها. كما رغبوا جميعاً في أن يصبحوا مثلها تماماً لذلك بدأوا بالتصرّف مثلها أيضاً.

كانت الأمور تسير على خير ما يرام بالنسبة إلى ليلي في المدرسة وبات لديها كثير من الأصدقاء الجدد. والآن أصبح الجميع يرغبون في المجيء للعب معها.

لكن ذات يوم اتّصلت طبيبة الأطفال وطلبت من والدَي ليلي المجيء إلى عيادتها من جديد. حين وصلا إلى هناك أخبرتهما أنّها قرأت نتائج الاختبار بشكل خاطئ وأنّ ليلي لم تكن مصاصة دماء في النهاية بل كانت مجرّد طفلة خبيثة تحبّ عضّ الناس.

حسناً، ربّما ظننتم أنّ والدَي ليلي فرحا للغاية لمعرفة أنّ ابنتهما لم تكن مصّاصة دماء بالفعل.

لكنّ أوضاع ليلي كانت ممتازة في المدرسة ولم يرغبا حقّاً في بقائها في المنزل خلال أيّام العمل.

لهذا السبب قرّرا إبقاء نتائج الاختبار طيّ الكتمان. وعندما أقام والدا ليلي حفلة بمناسبة ذكرى ميلادها وحضر كلّ زملائها في الفصل، شعرا أنهما اتّخذا حتماً القرار الصحيح.

الرأس
البشري

لا شكّ أنّ الجميع سمعوا بأسطورة الفارس مقطوع الرأس الذي أرهب بلدة سلييي هولو منذ زمن طويل.

لكنّني واثق أنّكم لم تسمعوا قطّ عن قصّة الرأس البشريّ الذي كان يعيش على بعد أميال قليلة في بلدة إلمسفورد. ومجرّد أنّ الرأس البشريّ لم يكن يتجوّل ويلقي فوانيس اليقطين المشتعلة على الناس لا يعني أنّ قصّته لا تستحقّ أن تروى هي الأخرى.

إذاً لنعد إلى البداية. قبل أن يحصل رأس إلمسفورد البشري على لقبه، كان مجرّد طفل عاديّ يدعى آندرز.

كان آندرز طفلاً طبيعياً من كلّ النواحي باستثناء أنه وُلِدَ بلا جسد. لكنّ هذا لم يمنع آندرز من اللعب شأنه شأن جميع الأولاد الآخرين الذين هم في مثل سنّه.

وقد أحبّه والداه كثيراً وأخبراه أنّه يستطيع أن يصبح ما يريد عندما يكبر. وهذا ما جعل آندرز يشعر بالرضا.

كان لدى آندرز كثير من الأصدقاء في المدرسة الابتدائية وكان يتمتّع بشعبية كبيرة لدرجة أنّه انتُخبَ رئيساً للصفّ عندما كان في الصفّ الخامس.

بيد أنّ الأمور اختلفت عندما ترفّع آندرز إلى المرحلة الإعدادية. فقد انتقل بعضٌ من أعزّ أصدقائه وأحبّهم إلى قلبه إلى أماكن بعيدة خلال الصيف، وذهب البعض الآخر إلى مدارس خاصّة. لذلك عندما حلّ شهر سبتمبر، شعر آندرز أنّه يبدأ من الصفر.

لا يعتبر اليوم الأوّل في المدرسة الإعدادية سهلاً على أحد غير أنّه يصبح أكثر صعوبة على الأولاد أمثال آندرز الذين لم يبلغوا طفرة نموّهم بعد.

عندما كان آندرز في المدرسة الابتدائية، كان يمضي اليوم بطوله في الصفّ نفسه. إلّا أنّ الحياة في المدرسة الإعدادية اختلفت تماماً وفي بعض الأحيان كان آندرز يواجه مشكلة في الانتقال من صفّ إلى آخر قبل أن يرنّ الجرس.

عندما حان وقت الغداء، فرح آندرز لأنّه كان بحاجة حقاً إلى أخذ استراحة أضف إلى أنّ أمّه كانت قد وضّبت له شطيرة سجق فضلاً عن الوجبة الخفيفة المفضّلة لديه. ولكن حين وصل أخيراً إلى الكافيتريا كانت جميع المقاعد الجيّدة مشغولة أساساً.

لمح آندرز طاولة في الجهة المقابلة من الكافيتريا تحيط بها مجموعة من المقاعد الفارغة. وهناك رأى الفارسَ مقطوع الرأس للمرّة الأولى.

ربّما كنتم تقولون الآن «أوه كلّا لا شكّ أنّ الفارس مقطوع الرأس سيفعل شيئاً فظيعاً ويؤذي آندرز!» لكن لا تخشَوا شيئاً لأنّ أحداث هذه القصّة تجري قبل وقت طويل من تحوّل الفارس مقطوع الرأس إلى شخص شرّير، لا بل وقبل وقت طويل من حصوله على هذا اللقب وقبل بضع سنوات من تعلّمه ركوب حصان.

في الوقت الحاليّ كان الفارس مقطوع الرأس يعيش حياته باسمه الحقيقيّ أي غانتر. وكما سبق وقلت لم يكن قد أصبح شرّيراً بعد ولذلك عندما رأى آندرز دعاه للجلوس إلى طاولته.

في الواقع منذ اللحظة التي التقيا فيها أصبح آندرز وغانتر صديقَين.

لم ينزعج غانتر من ميل آندرز إلى الثرثرة ولم ينزعج آندرز حين رأى أنّ غانتر يلقي الطعام في فتحة عنقه لكي يأكل.

بدأ الصبيّان يمضيان الوقت معاً بعد المدرسة كلّ يوم تقريباً. كان آندرز يساعد غانتر في واجباته المدرسيّة وغانتر يساعد آندرز في كلّ شيء تقريباً.

تحوّل الخريف إلى شتاء وكوّن الصديقان العزيزان كثيراً من الذكريات السعيدة معاً.

عندما بدأ شهر فبراير، كان جميع مَن في المدرسة يتحدّثون عن الحفلة الراقصة المنتظَرة.

غير أنّ الصبيّين كانا خجولَين جدّاً ولم يجرؤا على الطلب من أيّ فتاة مرافقتهما وسرعان ما بدا لهما أنّ كلّ مَن في المدرسة وجد مرافقاً له.

شعر غانتر وآندرز بالحزن حين أدركا أنّهما سيمضيان الليلة الراقصة على ألعاب الفيديو كما يفعلان عادة.

لكنّ أمراً حدث قبل أسبوع من يوم الحبّ وبدّل كلّ الموازين.

ظهرت في المدرسة فتاة جديدة تدعى برودنس كانت قد انتقلت مع عائلتها للتوّ إلى المدينة، وكانت جميلة جدّاً لدرجة أنّ بعض الفتيان الذين طلبوا من فتيات أخريات مرافقتهم إلى الحفلة الراقصة عضّوا أصابعهم ندماً.

على الرغم من أنّ كلّاً من غانتر وآندرز وجد برودنس جميلة، إلّا أنّ أيّاً منهما لم يتحلّ بالشجاعة الكافية ليطلب منها مرافقته إلى الحفلة الراقصة. ولكن سرعان ما خطرت ببال آندرز فكرة رائعة.

اقترح على صديقه أنّه إذا تعاون الاثنان معاً فقد
يتمكّنان ربّما من إقناع برودنس بمرافقتهما إلى
الحفلة. وبعد كثير من التمرين أمام المرآة شعرا أنّ
هذه الخطّة قد تنجح بالفعل.

في اليوم التالي أحضر الصبيّان باقة من الأزهار إلى
المدرسة واستجمعا شجاعتهما ليطلبا من برودنس
الرقص معهما. وصدّقوا أو لا تصدّقوا فقد وافقت
على الفور.

في ليلة الحفلة المنتظرة وضع آندرز بعضاً من ماء الكولونيا الخاصّ بوالده حتّى تكون رائحته عطرة في موعده الأوّل. واستأجر والدا غانتر لابنهما رداءً حتى يبدو أكثر وسامة.

لذلك عندما وصل الشابّان إلى منزل برودنس بدَوَا في غاية الأناقة.

عندما وصل الأولاد الثلاثة إلى المدرسة لم يعرفا ماذا يتوقّعان لأنّها كانت المرّة الأولى التي يحضر فيها أيّ منهم حفلة راقصة حقيقيّة.

لكنّ لجنة تخطيط الحفلات قامت بعملها على أتمّ وجه لأنّ الكافتيريا بدت رائعة حقّاً.

وقف آندرز وغانتر وبرودنس بجانب طاولة المرطّبات لفترة من الوقت وراح آندرز يروي بعض النكات المفضّلة لديه. وعندما ضحكت برودنس من قلبها فرح آندرز كثيراً واعتقد أنّ الأمور تسير على أفضل ما يرام.

عندما بدأت الموسيقى تصبح صاخبة حقّاً لم يرغب أحد في أن يكون أوّل من يخطو إلى حلبة الرقص. ولكن في تلك اللحظة فاجأ غانتر الجميع واندفع للرقص بكلّ عزمه.

اتّضح أن غانتر كان راقصاً بارعاً حقّاً. وكان آندرز أكثر الحاضرين فرحاً بذلك.

كان هذا كلّ ما تطلّبه الأمر لجذب الجميع إلى حلبة الرقص. وسرعان ما بلغت الحفلة أوجها.

بدأ آندرز وغانتر رقصة كونغا وانضمّ إليهما الجميع. غير أنّ آندرز لم يكن ينتبه تماماً إلى أين يتّجه الأمر الذي أدّى إلى كارثة.

شعرت برودنس ببعض الاستياء لأنّها كانت تعتقد حتّى الآن أنّ غانتر وآندرز شخص واحد.

كما شعرت بشيء من الانزعاج من الشابَّين لأنّهما أخفيا عنها هويّتهما الحقيقية. لكن بعد أن اعتذر منها آندرز سامحتهما عن طيب خاطر، وعندما تصاعدت أنغام أغنية هادئة، دعاها غانتر إلى الرقص.

على الرغم من أنّ موقع آندرز بجوار طبق الكعك كان ممتازاً، إلّا أنّ بقيّة تلك الليلة لم تكن مسلّية حقّاً بالنسبة إليه.

من بعد تلك الليلة، بدأت الأمور تتغيّر بين آندرز وغانتر. فكلاهما أحبّا برودنس وأخذا يتشاجران في المدرسة من أجل جذب انتباهها.

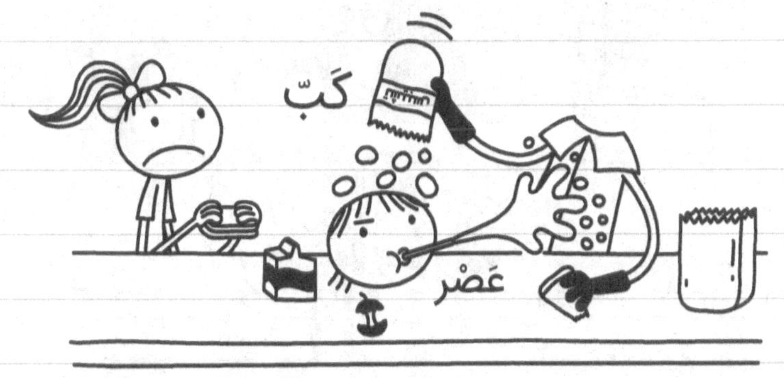

لكنّ برودنس أحبّت كلا الشابّين لأسباب مختلفة. هكذا، في ليالي الجمعة كانت تذهب للتزلج مع غانتر وفي أيّام السبت كانت ترافق آندرز إلى أحد المتاحف أو لحضور فيلم أجنبي.

على الرغم من أنّ آندرز استمتع حقّاً بوقته مع برودنس إلّا أنّه اشتاق أكثر لصحبة صديقه. لذلك اجتمع بغانتر في أحد الأيّام على الغداء وأخبره أنّه إذا كان يحبّ برودنس فهو لن يقف في طريقه.

في تلك الليلة ذهب غانتر إلى منزل برودنس حاملاً باقة من الأزهار ليعلن حبّه لها. لكنّ برودنس قالت له بصراحة إنّ قلبها ملك لشخص آخر، فرحل غانتر من عندها محطّم القلب.

ولا شكّ أنّكم عرفتم مَن هو الشخص الذي اختارته برودنس بدلاً من غانتر.

لم ينجح غانتر قطّ في التغلّب على حزنه من بعد ذلك. وكبُر مع الزمن ليصبح ذاك الفارس الأسطوريّ مقطوع الرأس الذي يرهب الشباب في يوم الحبّ وليس في ليلة البربارة كما يعتقد الناس منذُ القِدَم.

صدّقوا أو لا تصدّقوا إلّا أنّ المودّة التي جمعت بين آندرز وبرودنس استمرّت طوال فترة دراستهما وصولاً إلى الثانوية. بعد ذلك انفصلا مؤقّتاً عندما ذهبا إلى جامعتَين في منطقتَين مختلفتَين لكنّهما استأنفا صداقتهما بعد التخرّج.

أصبحت برودنس طبيبة بيطرية وأصبح آندرز محاسباً، وقاما بتربية أسرتهما في إلمسفورد. وعلى الرغم من أنّ أخبار برودنس وآندرز لم تشغل عناوين الصفحة الأولى للجريدة مثل صديقهم الشهير، إلّا أنّهما أحدثا فرقاً في المدينة التي عاشا فيها.

الماسح الضوئي

كان هذا اليوم يوماً هامّاً في المطار الدولي لأنّه من المنتظر أن يتمّ فيه تدشين الماسح الضوئي الجديد عالي التقنية. فمن شأن هذه الآلة الجديدة أن تمسح ضوئياً مجموعة كبيرة من الأشخاص في وقت واحد، الأمر الذي سيخفّف من طوابير الانتظار في المطار. وقد أثار هذا الحدث حماسة الجميع.

كانت مناسبة استثنائية بالنسبة إلى الجميع ولذلك توافد كثير من الناس إلى المطار على أمل أن يكونوا أوّل العابرين من خلال الماسح الضوئي.

غير أنّ العلماء الذين صنعوا الآلة تعرّضوا لضغوط كبيرة لإنجاز العمل على وجه السرعة ولم يتسنَّ لهم الوقت الكافي لاختبارها كما ينبغي.

لهذا السبب فوجئ جميع الحاضرين عندما مرّت الدفعة الأولى من الأشخاص عبر الآلة وخرجوا من الجانب الآخر هياكل عظميّة.

ربّما كنتم تقولون الآن «إنّه لأمر محزن جدّاً أن يموت هؤلاء الأشخاص أثناء عبورهم الماسح الضوئيّ» ولكن لا تقلقوا لأنّهم بطريقة ما كانوا لا يزالون على قيد الحياة. ولم يتمكّن العلماء الذين صنعوا الآلة من فهم كيفيّة حدوث ذلك.

في البداية شعر الأشخاص الذين عبروا الماسح الضوئي بشيء من الانزعاج لأنّهم تحوّلوا إلى هياكل عظميّة.

إلّا أنّ انزعاجهم سرعان ما تلاشى عندما باتوا من المشاهير بين عشيّة وضحاها.

أدرك الناس أنّهم إذا أصبحوا هياكل عظميّة فلن يحتاجوا إلى إنفاق كلّ أموالهم على مستحضرات العناية بالبشرة ومساحيق التجميل والملابس وأشياء من هذا القبيل. لذا فقد أراد الجميع الآن المرور عبر الآلة، وفي اليوم التالي شهد المطار ازدحاماً عجيباً.

في الواقع اتّضح أنّ التحوّل إلى هيكل عظميّ له حسنات هائلة.

إذ اكتشف الناس أنّهم باتوا يستطيعون النوم حتّى ساعة متأخّرة لأنّهم غير مضطرّين للاستحمام في الصباح. ونظراً لعدم امتلاكهم معدة، فقد بدأوا ينامون حتّى ساعة متأخّرة أكثر لأنّهم ما عادوا بحاجة إلى تناول الفطور أيضاً.

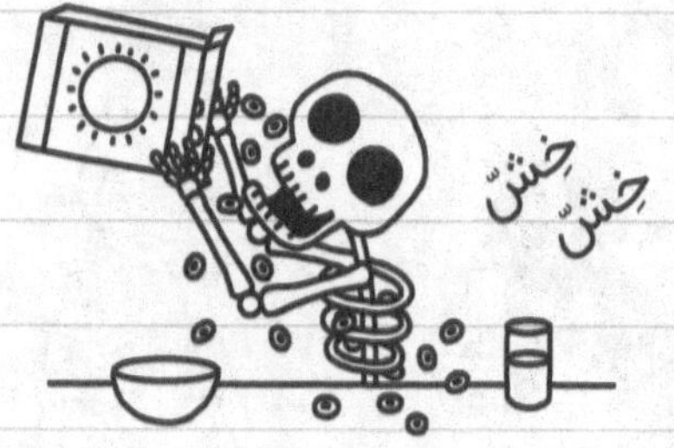

وبما أنّ الهياكل العظميّة لا تملك أيّ عضلات، فلم يعد أحد بحاجة إلى ممارسة الرياضة. أمّا إذا تعرّض أحدهم لكسر في العظام، فلا يتطلّب الأمر سوى قليل من الشريط اللاصق لإصلاح العطب.

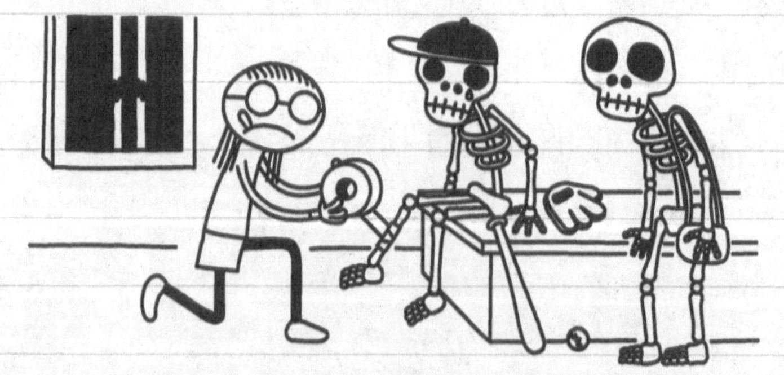

اختفت أيضاً مجموعة كبيرة من مصادر الإزعاج الأخرى، مثل البثور والثآليل وجفاف الركبتين والتحسّس الجلدي. وأصبحت الرموز التعبيرية أبسط بكثير أيضاً.

من الحسنات الأخرى لهذا الوضع المستجدّ أنّه بات بإمكان الجميع استخدام الحمّامات نفسها مع انعدام الحاجة إلى الخصوصيّة بعد الآن.

بدا الجميع متشابهين لذلك أصبح الناس أكثر لطفاً مع بعضهم البعض أيضاً. وكلّما ازداد عدد الأشخاص الذين عبروا الماسح، تحسّنت الأمور أكثر.

لكن ما لبث أن بدأ الناس يلاحظون أنّ بعض الأمور لم تكن بتلك الروعة. فقد تمّ إغلاق كثير من الشركات لأنّ أحداً لم يعد بحاجة إلى خدماتها بعد الآن.

وأصبحت ليلة البربارة مملّة أكثر بكثير لأنّ الجميع كانوا يخرجون بمظهر واحد.

وكثيراً ما كان الآباء يحضرون أطفالاً غير أطفالهم من دور الحضانة الأمر الذي تسبّب بفوضى عارمة بعد فترة.

ومع أنّه كان من الرائع أن يبدو الجميع متشابهين، إلّا أنّ الناس بدأوا يشتاقون إلى الأيّام الخوالي عندما كان كلّ منهم يتمتّع بمظهر مختلف.

في الواقع بدأ الناس يفتقدون إلى كثير من الأشياء، مثل امتلاك شفاه ومقل أعين وعدم كونهم باردي الملمس طوال الوقت. فأدركوا جميعاً أنّهم ارتكبوا خطأ فادحاً وأرادوا الرجوع إلى ما كانوا عليه.

إلّا أنّ العلماء الذين صنعوا الماسح الضوئي لم يكتشفوا بعد سبب عمله بتلك الطريقة أساساً. لذلك لم تكن لديهم أدنى فكرة عن كيفيّة جعله يؤدّي مفعولاً عكسيّاً.

بالنتيجة جُنّ جنون الأشخاص الذين تحوّلوا إلى هياكل عظميّة. وفي ليلة شتاء باردة داهموا المطار.

92

قامت الهياكل العظمية بجرّ الماسح الضوئي من المبنى وألقت به في أقرب وادٍ، وهناك انفجر وتحوّل إلى رماد.

ثمّ حدث أمر غير منطقيّ على الإطلاق. فجأة عادت الهياكل العظمية إلى ما كانت عليه من قبل، باستثناء ملابسها. فرح الجميع بعودتهم إلى طبيعتهم ولكنّهم تمنّوا لو أنّهم فعلوا ذلك في ليلة أكثر دفئاً.

الزنزانة

عاش في قديم الزمان ولد يدعى رافي، وكان رافي سعيداً جدّاً. سكن في كوخ مبنيّ من الطين والقشّ مع والدَيه. وعلى الرغم من أنّهم عاشوا حياة بسيطة، إلّا أنّهم كانوا سعداء بوجودهم مع بعضهم البعض.

كان والدا رافي فخورَين جدّاً بابنهما. فهو صبيّ نشيط يتمتّع بجسد قويّ ولم يشتكِ يوماً من تنظيف قنّ الدجاج.

كان رافي يستيقظ عند بزوغ الفجر وينام عند غروب الشمس. وفي بعض الليالي المميّزة، كان والدا رافي يعطيانه شمعة لكي يتمكّن من السهر لفترة أطول والاستمتاع بالقراءة.

في بعض الأحيان عندما يستغرق رافي في قراءة أحد الكتب فإنّه يتأخّر أكثر في السهر ويقرأ تحت الأغطية. لكن اتّضح لاحقاً أنّ هذه الفكرة لم تكن جيّدة حقًّا.

كانت قصص رافي المفضلة هي تلك التي تدور حول الأطفال الآخرين، لأنّه لم يكن يملك أيّ أصدقاء. في الواقع لم يسبق لرافي أن التقى بأيّ شخص آخر سوى أمّه وأبيه.

من وقت إلى آخر كان رافي يسأل والدَيه عمّا إذا كان بإمكانهم الذهاب في رحلة إلى مكان يعيش فيه أشخاص آخرون. لكنّ والدَي رافي كانا يجيبانه أنّ الرحلة ستكون خطِرة للغاية ثمّ يشرحان له السبب.

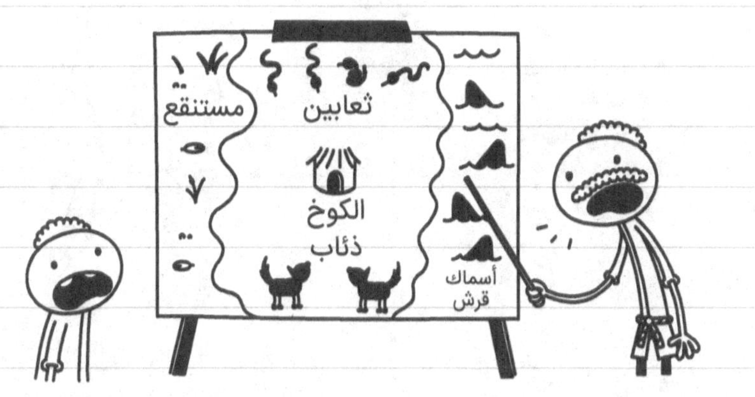

فكان رافي يبتكر أصدقاء وهميّين من الطين والقشّ ليلعب معهم، الأمر الذي كان مسلّياً إلى حدّ ما ولكنّ رافي تمنّى لو يتعرّف على أصدقاء حقيقيّين.

في إحدى الليالي بعد أن انتهى رافي من القراءة ذهب إلى المطبخ لجلب بعض الماء. لكن فجأة بدأ يسمع أصواتاً غريبة لم يسبق له أن سمعها من قبل.

كانت الأصوات قادمة من القبو. صحيح أنّ رافي شعر بفضول كبير لمعرفة مصدر الضوضاء، إلّا أنّ والدَيه سبق وحذّراه ألّا يفكّر في النزول بتاتاً إلى القبو.

في صباح اليوم التالي عند الفطور وصف رافي الأصوات الغامضة التي سمعها في الليلة السابقة.

لكنّ والديه قالا له إنّه كان يحلم على الأرجح لأنّ الأصوات التي كان يُصدرها لا معنى لها على الإطلاق.

أراد رافي أن يسأل والدَيه عمّا يوجد في القبو ولماذا كان والده ينزل إلى هناك كلّ يوم من الاثنين حتّى الجمعة من الساعة 9:00 صباحاً حتّى الساعة 5:00 مساءً. غير أنّه كان يعلم أنّهما لا يحبّان التحدّث عن هذه الأمور.

مرّت السنوات ولم يسمع رافي تلك الأصوات مرّة أخرى.

كان رافي في ذلك الوقت قد بلغ من العمر ثمانية عشرة عاماً وأصبح بطول والده تقريباً. فلاحظ والدا رافي أنّ ابنهما أصبح رجلاً وقرّرا أنّ الوقت قد حان أخيراً لإخباره بالحقيقة عن المكان الذي أتوا منه.

فوصفا له عالماً فيه «سيّارات» و«طائرات» و«دواء» وأشياء أخرى من هذا القبيل جعلت رأس رافي يدور.

قالا لرافي إنّ العالم الذي أتوا منه كان رائعاً من بعض النواحي ولكنّه يمتاز بجانب مظلم أيضاً. أخبراه بعد ذلك عن الأشياء المتوهّجة المسمّاة «الشاشات» والتي كان الجميع واقعين تحت سحرها.

أخيراً أوضحا له أنّه عندما وُلد لم يرغبا في رؤيته وهو يكبر تحت تأثير الشاشات. لذلك اتّخذا قراراً حاسماً بالتخلّي عن عالمهما.

فجأة اتّضحت الأمور بالنسبة إلى رافي وأصبح كلّ شيء منطقياً. فقد سافر والداه عبر الزمن، وأعاداه إلى زمن أكثر بساطة بغرض حمايته.

لكن عندما ذكر رافي موضوع السفر عبر الزمن ضحك والداه كثيراً وأخبراه أنّه أخطأ في فهم المسألة.

قالا إنّ ما قصداه بالتخلّي عن عالمهما أنّهما ابتعدا وحسب عن صخب المدينة وتظاهرا أنّهما يعيشان في عصر الظلمات.

بعد ذلك أعلن والد رافي أنّ لديه شيئاً يرغب في أن يريه إيّاه وأنّه انتظر طويلاً هذه اللحظة.

فما كان منه إلّا أن فتح باب القبو واصطحب رافي إلى الأسفل، وهناك رأى رافي أشياء أذهلته تماماً، مثل جهاز كمبيوتر وطابعة وكرسيّ غريب يدور على عجلات.

قال والد رافي إنّه يعمل في وظيفة من المنزل، ثمّ عرّف رافي إلى زملائه في العمل.

بدأ رافي يشعر بالدوار وقال إنّه بحاجة إلى الجلوس لاستيعاب ما يجري. فجلس على كرسيّ والده الذي كان مريحاً أكثر بكثير من المقاعد الصلبة التي كان معتاداً عليها.

لاحظ والدا رافي أنّ ابنهما لم يكن سعيداً حقّاً وشعرا بتأنيب الضمير لأنّهما كذبا عليه عملياً طوال حياته. وهذا ما حدا بهما إلى الاعتقاد أنّهما ربّما بالغا قليلاً في محاولة حمايته من العالم المتحضّر.

فجأة خطرت ببال والد رافي فكرة جيّدة للتعويض على ابنه. فأخبره أنّه الآن وقد أصبح رجلاً، ثمّة شيء يجب أن يحصل عليه. وأعطى رافي هاتفاً للمرّة الأولى.

قال والدا رافي إن ثمّة سرّاً أخيراً عليهما إخباره به. فأخبراه أنّهم غير محاطين بأسماك القرش والذئاب والثعابين وأنّهم لا يبعدون في الحقيقة سوى بضعة أميال عن مدينة كبيرة. أخيراً أعلنا لرافي أنّ الوقت قد حان لكي يلتحق بالعالم الحديث ويحصل على وظيفة ويؤسّس أسرة خاصّة به.

ولكن الآن بعد أن أصبح لدى رافي هاتف لم يعد مهتمّاً بأيّ شيء آخر، ولم يعد يرى سبباً لمغادرة المنزل على الإطلاق. ففكّر والدا رافي أنّهما ربّما لم يكونا مخطئَين في الأساس.

القيلولة
خخخخ

ذات مرّة عاشت امرأة في مجمّع للمسنّين بمفردها وكانت تدعى فرانسيس. لكنّ كلّ أفراد عائلتها كانوا ينادونها العمّة فاني أو باختصار فاني وحسب.

بالحديث عن العائلة، لم تنجب فاني أولاداً على الإطلاق ولكن كان لديها بالمقابل كثير من بنات وأبناء الأخوة الذين تزوّجوا وكوّنوا أسراً بدورهم. غير أنّ أيّاً منهم لم يكن يأتي لزيارة فاني لأنّهم كانوا شديدي الانشغال بحياتهم.

عاشت فاني في شقة صغيرة ولكن كان لديها تلفاز كبير حقّاً. فقد احتاجت إلى تلفاز بهذا الحجم لأنّ بصرها لم يعد حادّاً والشيء الوحيد الذي يسلّيها ويسعدها حقّاً كان مشاهدة المسلسلات.

كانت فاني تفعل الشيء نفسه كلّ يوم. إذ تشاهد برامجها واحداً تلو الآخر إلى أن تتعب ثمّ تأخذ قيلولة طويلة في كرسيّها المريح. وعندما تستفيق من غفوتها كانت تعدّ لنفسها شطيرة قبل أن تعود لمشاهدة مزيد من المسلسلات إلى أن يحين موعد نشرة الأخبار.

ذات يوم بينما كانت تتابع برامجها شاهدت إعلاناً عن شيء اعتقدت أنّه قد يكون مفيداً لامرأة مثلها.

كانت السلعة عبارة عن جهاز صغير يشتمل على زرّ يمكن للإنسان الضّغط عليه إذا ما سقط واحتاج إلى المساعدة.

اعتقدت فاني أنّ هذا الجهاز قد يلزمها يوماً ما لا سيّما وأنّها تعيش بمفردها. لذلك اتّصلت بالرّقم المعروض على الشّاشة وطلبت واحداً، وكانت تلك المرّة الأولى التي تنفق فيها المال على شيء كهذا.

في الواقع، لم تكن فاني تستخدم أموالها على الإطلاق سوى لكتابة شيكات ترسلها إلى بنات وأبناء إخوتها وأطفالهم في ذكرى ميلادهم.

ومع أنّ فاني لم تتأخّر قطّ في إرسال بطاقات التهنئة في موعدها، إلّا أنّها لم تتلقّ يوماً الشكر من أيّ منهم باستثناء قريبتها الصغيرة آيمي البالغة من العمر ستّ سنوات، والتي كانت الوحيدة في العائلة التي تتحلّى بشيء من حسن التصرّف.

في عُطل نهاية الأسبوع، كان روتين فاني مختلفاً بعض الشيء لأنّ مسلسلاتها لا تُعرض على التلفاز في تلك الأيام. لذلك كانت تتناول عادة وجبة غداء كبيرة ثمّ تأخذ قيلولة طويلة جدّاً بعد ذلك.

في أحد أيّام السبت عمّت الحماسة البلدة لأنّه موعد المباراة النهائيّة لبطولة كرة القدم.

وبما أنّ تذاكر المباراة النهائيّة قد بيعت بكاملها فقد تحتّم على معظم الناس مشاهدتها على التلفاز.

في الواقع لم يكن لدى أيّ من أفراد عائلة فاني تلفاز كبير لكنّهم كانوا يعرفون مَن يملك تلفازاً كهذا. لذلك قبل ساعات قليلة من موعد المباراة، ركب غاري ماك ومجموعة من الشباب في شاحنته الصغيرة وتوجّهوا إلى مجمّع المسنّين الذي تعيش فيه العمّة فاني.

لكن عندما وصلوا إلى شقّة فاني وطرقوا الباب لم يُجبهم أحد. فما كان من دودجي الصغير إلّا أن حرّك مقبض الباب ووجده غير مقفل.

كانت العمة فاني نائمة على كرسيّها المريح أمام التلفاز. وعندما رأوها جالسة هناك ورأسها مائل إلى الأمام ظنّوا أنّها ماتت.

شعر جميع الرجال بالحزن الشديد لأنّ فاني كانت أكبر أفراد العائلة ولأنّها لم تتأخّر يوماً عن موعدها في إرسال تلك الشيكات في ذكرى ميلادهم. لكن لم يكن لديهم متّسع من الوقت لذرف الدموع لأنّ بضع ساعات فقط كانت تفصلهم عن موعد المباراة النهائية.

هكذا أجرى غاري ماك بعض المكالمات ووجد دار جنازات على استعداد لإتمام كلّ ما يلزم بعد ظهيرة ذلك اليوم.

اتّضح أنّ العاملين في دار الجنازات كانوا يرغبون في مشاهدة المباراة النهائيّة هم أيضاً. لذلك وبعد جنازة سريعة انصرف الجميع من هناك.

ربّما كنتم تقولون الآن «أوه كلّا لقد دُفنت العمّة فاني وهي حيّة!» لكنّكم نسيتم على الأرجح أنّ فاني طلبت ذلك الجهاز الإلكتروني وعندما استيقظت أخيراً من قيلولتها ضغطت على الزرّ لطلب المساعدة.

في الواقع نجح ذاك الجهاز تماماً كما قيل عنه في الإعلان التجاري ووصلت المساعدة بعد بضع دقائق فقط. ولحسن الحظّ اكتشف الرجال الذين أرسلتهم الشركة حقيقة ما حدث بسرعة كبيرة.

بعد أن أخرجوا فاني من تحت التراب أعادوها على الفور إلى مجمّع المسنّين الذي تقطن فيه.

وعندما فتحت فاني باب شقتها فوجئت تماماً بالمشهد.

فرح غاري ماك وبقيّة الرجال برؤية فاني على قيد الحياة لكنّهم كانوا مشتّتي الذهن قليلاً لأنّ المباراة النهائيّة ما زالت مستمّرة وكانت نتيجة الفريقَين متقاربة جدّاً. لم يرغب غاري ماك في التخلّي عن الكرسيّ المريح الذي احتلّه أمام التلفاز لذا اضطرّت فاني للجلوس على الأريكة مع بقيّة الشباب.

بعد انتهاء المباراة أعرب الجميع عن سعادتهم برؤية فاني حيّة تُرزق لكنّهم ما لبثوا أن عادوا إلى منازلهم وتركوا الغرفة في حالة من الفوضى العارمة التي اضطرّت لتنظيفها بمفردها.

من بعد ذلك اليوم عادت الأمور إلى طبيعتها إلى حدّ كبير، باستثناء أنّ فاني بدأت تضع مبلغاً أقلّ من المال في بطاقات ذكرى الميلاد.

أصبحت فاني أيضاً تقفل باب شقّتها قبل أن تجلس لأخذ قيلولة بعد الظهيرة ذلك لأنّها لم ترغب إطلاقاً في تكرار ما حدث.

ولضمان ألّا تُدفن حيّة مرّة أخرى قامت بقطع كرة بينغ بونغ إلى نصفين ثمّ رسمت نقطة على كل منهما حتّى تبدو وكأنّها مستيقظة حتّى في أثناء نومها.

بعد بضعة أشهر، اكتشفت آيمي ما جرى للعمّة فاني في يوم المباراة النهائيّة، وحزنت كثيراً من أجلها. فما كان منها إلّا أن جاءت لزيارة فاني في شقّتها.

قامت فاني وآيمي بإعداد الكعك معاً ووعدتا بعضهما البعض بتكرار ذلك قريباً.

ومنذ ذلك اليوم كلّما اجتمع أفراد العائلة كانت آيمي تحرص على دعوة العمّة فاني. وكانت تلك من أسعد الأيّام في حياة فاني.

حتّى إنّ عائلة غاري ماك دعتها لقضاء الإجازة الصيفيّة معهم وكانت متشوّقة جدّاً إلى ذلك.

هكذا كانت نهاية هذه القصّة سعيدة لأنّ أفراد عائلة فاني عديمو الفائدة غيّرو سلوكهم قبل فوات الأوان. وكان كلّ ذلك بسبب فتاة طيبة صغيرة تبلغ من العمر ستّ سنوات.

لكن لهذه القصّة نهاية حزينة أيضاً. فقبل بداية العطلة الصيفية توفّيت العمّة فاني ولم يلاحظ أحد أنّها فارقت الحياة إلّا بعد أن أوشك الأسبوع على نهايته.

البلاعم

بعد ظهر أحد أيّام السبت أتى والدا روبي وسألاه عمّا إذا كان يرغب في الذهاب إلى مركز التسوّق وتمضية بعض الوقت هناك. تحمّس روبي للغاية لأنّه كان يستمتع كثيراً بزيارة مركز التسوّق، وفي السيارة راح يفكّر في كلّ المتعة التي تنتظره بمجرّد وصوله إليه.

غير أنّ والدَي روبي لم يقصدا مركز التسوّق للمتعة، بل من أجل التبضّع. وأخذا يزوران متاجر لا يقصدها إلّا الكبار.

لاحظ والدا روبي أنّ ابنهما لم يكن يستمتع كثيراً. لذا أعطاه والده خمسة دولارات واقترح عليه الذهاب لشراء المثلّجات. أضاف والد روبي أنّ هذا المال كافٍ لشراء كوزَين من المثلّجات وطلب منه أن يحضر له واحداً هو الآخر.

شعر روبي بالفخر الشديد لأنّ والدَيه يثقان به وأخبرهما أنه سيعود حالاً.

بالنسبة إلى روبي كانت هذه مهمّة كبيرة. فعلى الرغم من أنّ محلّ المثلّجات يقع على بعد بضعة متاجر إلّا أنّها كانت المرّة الأولى التي يفارق فيها والدَيه في مثل هذا المكان المزدحم.

خرج روبي من المتجر إلى الردهة المليئة بالغرباء. وتوجّه إلى محل المثلّجات وهو يُمسك بالمال الذي أعطاه إيّاه والده بإحكام شديد خوفاً من إسقاطه.

في الطريق رأى روبي لعبته المفضّلة وكانت عبارة عن سفينة فضائيّة تهتزّ إلى الأمام والخلف. إلّا أنّ روبي ذكّر نفسه أنّه كبر كثيراً على ألعاب الأطفال الآن وشدّ قبضته أكثر على دولاراته الخمسة حرصاً عليها لكي لا ينفقها.

وصل روبي إلى محلّ المثلّجات وشعر بالفخر بنفسه لأنّه اجتاز كلّ هذه المسافة بمفرده. لكن عندما وقف أمام الواجهة أصيب بالحيرة ولم يعرف ماذا يفعل. فقد كان لديهم كثير من النكهات الشهيّة ووبدا له الاختيار صعباً للغاية.

كانت النكهتان المفضّلتان لدى روبي هما الشوكولاته بالمكسّرات والفراولة. لذلك طلب روبي كوز مثلّجات بالشوكولاته والمكسّرات لنفسه وكوزاً آخر بالفراولة لوالده لأنّه كان يعلم أنّ والده سيرغب على الأرجح في مشاركة الكوز معه.

في طريق عودته إلى المتجر الذي كان والداه يتبضّعان فيه رأى تلك السفينة الفضائيّة مرّة أخرى. كان قد بقي لدى روبي ما يكفي من المال لركوبها مرّة واحدة لكنّه أراد أن يُظهر لوالدَيه أنّه قادر على تحمّل المسؤولية وأن يعيد لهما بقيّة المبلغ.

فما كان منه إلّا أن أغمض عينيه أثناء مروره بها. إلّا أنّ تلك الفكرة لم تكن موفّقة لأنّه ما لبث أن تعثّر وسقط كوز مثلّجات الشوكولاته على الأرض.

استاء روبي لدرجة أنّه كاد أن ينفجر باكياً. حاول إعادة كرة المثلّجات إلى مكانها مرّة أخرى لكن من دون جدوى.

بعد أن نظّف روبي الأرض من أثر الشوكولاته، ذهب إلى المتجر الذي كان والداه يتبضّعان فيه. في هذا الوقت كانت كرة مثلّجات الفراولة قد بدأت بالذوبان لكنّ روبي كان لا يزال يأمل أن يشاركه والده بعضاً منها.

فجأة خطرت ببال روبي فكرة. ولم تكن من نوع الأفكار التي تراود روبي عادة.

قرّر أن يدّعي أنّ كوز مثلّجات الفراولة له وأنّ ذاك الذي سقط منه كان لأبيه. وما فعله روبي كان خطيراً حقّاً لأنّه لم يسبق له أن كذب إطلاقاً في حياته.

توتّر روبي كثيراً وهو يكذب على والدَيه حتّى إنّه كاد يبكي من جديد. وأنّبه ضميره بشكل فظيع عندما صدّقه والداه بالفعل.

أكّد والد روبي أنّه لا داعي لكلّ هذا القلق لأنّه لم يكن جائعاً على أيّ حال. وهذا ما جعل روبي أسوأ حالاً لأنّه كان يعلم أنّ والده يحاول أن يكون لطيفاً معه.

في الواقع، انزعج من نفسه لدرجة أنّه لم يستطع الاستمتاع حقّاً بمثلّجات الفراولة في طريق عودتهم إلى المنزل.

عندما عاد روبي إلى غرفته شعر ببعض الألم في معدته. ولم يستطع أن يعرف ما إذا كان ذلك بسبب المثلّجات التي تناولها أم الكذبة التي رواها لوالديه.

فجأة لاحظ روبي بقعة وردية صغيرة على قميصه الأبيض. فأدرك أنّه لوّثها بلا شكّ ببعضٍ من مثلّجات الفراولة.

عرف روبي أنّ هذه البقعة التي خلّفتها المثلّجات على قميصه الأبيض الناصع لن تُفرح والدَيه على الإطلاق. لذلك ذهب فوراً إلى الحمام ليحاول التخلّص منها قبل أن يراها أحدهما.

إلّا أنّ البقعة أخذت تكبر مع مرور كلّ ثانية.

خلع روبي قميصه ووضعه في المغسلة ثمّ بلّله بالماء والصابون. لكن حتّى بعد أن انتهى من غسل القميص ظلّت البقعة تنمو وتتّسع إلى أن أصبحت أكبر بكثير من ذي قبل.

الآن بدأ الفزع ينتاب روبي فعلاً. في المساء صعدت والدته إلى الطابق العلوي لإعطائه كوباً من الحليب الدافئ قبل النوم. غير أنّ روبي بقي حبيساً في غرفة نومه إلى أن رحلت.

بمجرد أن أصبحت الساحة خالية ركض روبي إلى غرفة الغسيل لكي يضع قميصه في الغسّالة. بعد ذلك أدار القرص إلى الإعداد الأقوى لكي يضمن أن يتخلّص تماماً من تلك البقعة ولا يبقى لها أيّ أثر.

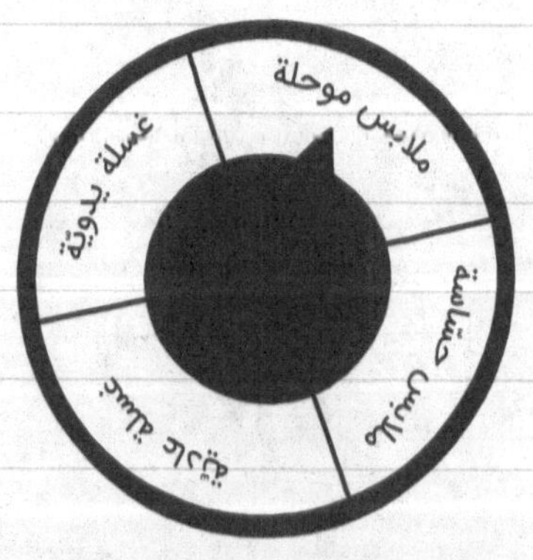

في تلك اللحظة بالضبط دخل والد روبي الغرفة حاملاً سلّة من الغسيل. فأجفل روبي لدرجة أنّه كاد أن يقفز من مكانه.

عندما سأله والده عمّا يفعله أجاب أنّه يغسل بعض ملابسه. ففرح الوالد كثيراً وقال لروبي إنّ فخره بابنه يزداد يوماً بعد يوم لأنّه أصبح شابّاً مسؤولاً بالفعل.

في تلك الليلة راودت روبي أحلام مروّعة، وكان معظمها يتضمّن الفراولة.

عندما استيقظ روبي في صباح اليوم التالي وجد ملاءاته مبلّلة بالعرق. فنهض من السرير وذهب إلى غرفة الغسيل ليرى ما إذا كانت البقعة لا تزال على قميصه.

لكن كانت بانتظاره هناك مفاجأة رهيبة.

كان والده قد وضع قمصانه الجميلة والأنيقة في الغسالة مع قميص روبي، والآن أصبحت جميع الملابس مصبوغة باللّون الورديّ.

عندئذٍ شعر روبي أنّه لم يعد أمامه خياره آخر سوى الهرب. لكن لحسن الحظّ أمسكت به والدته قبل أن يبتعد كثيراً.

حان الوقت لكي يخبر روبي والديه بالحقيقة. فاعترف لهما أخيراً أنّ كوز المثلّجات الذي سقط منه في مركز التسوّق كان له وليس لوالده. ثمّ اعتذر منهما بعد ذلك لأنّه كذب بهذا الشأن.

في الواقع كان والدا روبي يحبّان ابنهما كثيراً فقالا له إنّهما فخوران به لقول الحقيقة. بعد ذلك شرحا له أنّ جميع الناس معرّضون لارتكاب الأخطاء ولكنّ المهمّ أن يتعلّم الإنسان من أخطائه.

ولكي تعرفوا مدى روعة والدَي روبي، فقد اصطحباه مجدّداً إلى مركز التسوّق ليتناولوا جميعاً المثلّجات معاً. فاشترى روبي ثلاثة أكواز من المثلّجات، وجميعها بنكهة الشوكولاته والمكسّرات.

وهذه المرّة حرص جيّداً على عدم إسقاط أيّ منها.

لكنّ روبي نسي أنّ والده يعاني من حساسية على اللوز وسرعان ما تورّمت شفتاه مثل البالون. نتيجة لذلك اضطرّ والد روبي للذهاب إلى غرفة الطوارئ لتلقّي حقنة، ولهذا السبب لم يتمكّن روبي من الاستمتاع بالمثلّجات.

عندما عاد روبي إلى المنزل لاحظ وجود بقعة صغيرة من الشوكولاته على قميصه الأبيض الناصع، فبدأت القصّة برمّتها من جديد.

موميا

في قديم الزمان عاش في مصر القديمة فرعون يدعى ميخ. عندما مات ميخ قام الكهنة والكاهنات الملكيون بلفّ جسده بالأربطة لإعداده للآخرة بحسب معتقداتهم.

لكن بعد بضعة آلاف من السنين اكتشف علماء آثار أتَوا من بلاد أخرى هرمَ ميخ فأخرجوا تابوته وأخذوه معهم.

عندما استيقظ ميخ شعر بخيبة أمل كبيرة حين اكتشف أنّه في متحف وليس في الآخرة كما كان يتوقّع. علاوة على ذلك لم يضع القيّمون على المتحف تابوتَه في موقع مناسب حتّى.

فاستاء ميخ وغضب غضباً شديداً. وما كان منه إلّا أن استخدم قواه كمومياء لإحداث فوضى كبيرة في المتحف.

على الرغم من الدمار الذي ألحقه ميخ بالمتحف إلّا أنّ غضبه لم يهدأ. فخرج من المبنى وهناك تسبّب فعلاً ببعض الأضرار.

في تلك الليلة تحدّثت كلّ النشرات الإخبارية عن ميخ والدمار الذي لحق بالمدينة.

غير أنّ تلك كانت البداية وحسب. إذ راح ميخ يتنقّل من بلد إلى آخر ويدمّر كلّ ما يظهر في طريقه، وأينما ذهب كان يتصدّر عناوين الصحف.

لكن بعد فترة لم يعد ميخ يجد ما يدمّره كما أنّ الناس بدأوا يفقدون الاهتمام بأخباره على أيّ حال.

في نهاية المطاف هدأت ثورة ميخ قليلاً وحاول الاعتياد على العيش في العالم الحديث. وعلى الرغم من أنّه كان يفضّل لو يكون في الآخرة إلّا أنّه لم يسعه سوى الاعتراف بأنّ التلفاز كان اختراعاً عظيماً حقّاً.

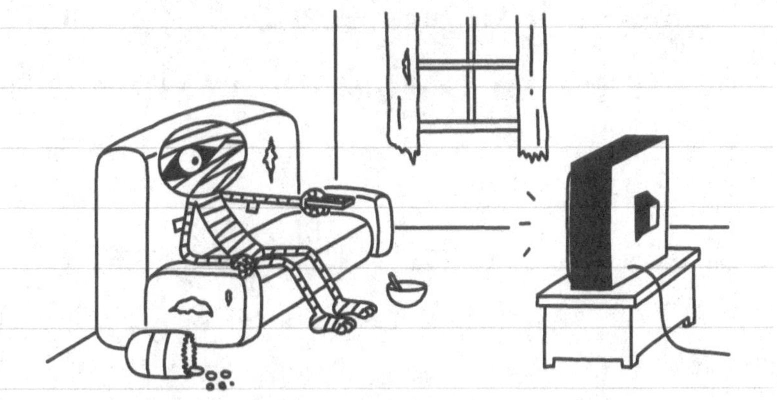

ذات ليلة جلس ميخ يشاهد نشرة الأخبار التي تحدّث فيها المذيع عن قيام بعض علماء الآثار باكتشافٍ جديد في مصر. فقد وجدوا قبر خابا، الفرعون الذي عاش قبل بضعة آلاف من السنين.

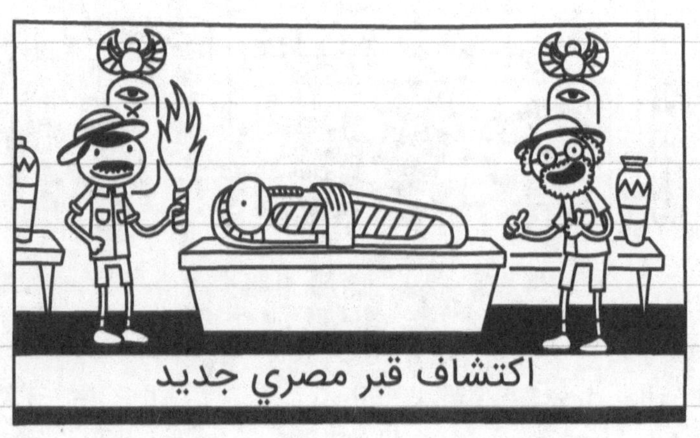

في البداية بدأ ميخ يشعر بالغضب لأنّ هذا الخبر أعاد إليه ذكريات ما حدث معه. ولكن بعد بضع دقائق من التنفس العميق تمكّن من استعادة هدوئه.

تحمّس الناس كثيراً لهذا الاكتشاف الجديد ذلك أنّ قبر خابا كان متألّقاً حقّاً وحافلاً بالكنوز.

غير أنّ الجميع كانوا يشعرون بالتوتّر عندما فتحوا تابوت خابا لأنّ أحداً منهم لم يرغب في تكرار حوادث فتح تابوت ميخ.

إلّا أنّ الأمور اختلفت قليلاً هذه المرّة. فبادئ ذي بدء كان خابا محفوظاً على نحو أفضل بكثير من ميخ. وهذا ما أزعج ميخ نوعاً ما لأنّ الناس لم يكفّوا عن الإشارة إلى ذلك في نشرة الأخبار.

وعندما خرج خابا من تابوته لم يبدأ بتدمير ما حوله بشكل عشوائي. في الواقع بدا فضولياً بشأن العالم الحديث وكلّ ما فيه.

بدأ خابا في الظهور في البرامج الحوارية الصباحيّة وما لبث أن أصبح المومياء المفضّلة لدى الجميع. ومع أنّ ميخ لن يعترف قطّ أنّه كان يشعر بالغيرة لكن تلك كانت الحقيقة مع الأسف.

في الواقع ذاع صيت خابا في كلّ مكان لدرجة أنّ الناس بدأوا بصناعة سلع من كافّة الأنواع والأشكال واستخدموا عليها صورته من دون طلب الإذن منه.

فما كان من خابا إلّا أن استعان بمحامية بارعة وسرعان ما تمّ إغلاق كلّ تلك المتاجر. لكنّ محامية خابا لم تتوقّف عند هذا الحدّ.

أطلقت المحامية العلامة التجارية «المومياء» جاعلةً من خابا الشخص الوحيد الذي يمكنه استخدام هذا الاسم. وفي ما بعد نظّم خابا مؤتمراً صحفيّاً كبيراً للإعلان عن هذا الحدث أمام كاميرات المحطّات التلفزيونية.

عندما سمع ميخ بالخبر ثارت ثائرته ولم يرَ أنّه من الصواب أن يُقدم خابا على تصرّف كهذا. كما انزعج لأنّ هذه الفكرة لم تخطر في باله هو أوّلاً.

146

بعد فترة أسّس خابا خطّ أزياء خاصّاً به وأنتج رقائق حبوب للأطفال حتّى إنّه كان على وشك إطلاق رسوم متحرّكة. هكذا أينما ذهب ميخ أصبح يصادف وجه خابا.

اعتقد ميخ أنّ الوقت قد حان لكي يستفيد هو أيضاً من هذا التهافت الجنوني على المومياء. لذلك أطلق على نفسه اسم «المومياء الأصلية» ونشر بعض الإعلانات هنا وهناك.

لكن لم تكد تمضِ بضعة أسابيع حتّى تلقّى ميخ رسالة من محامية خابا هدّدته فيها بمقاضاته وسلبه كلّ ما يملك ما لم يقم بسحب الإعلانات.

أثارت هذه الرسالة غضب ميخ. ربّما ليس بقدر ما غضب عندما كان يدمّر المدن بقواه الموميائيّة ولكنّه كان ساخطاً جدّاً مع ذلك.

لذلك استعان ميخ بمحامٍ هو الآخر ورفع دعوى قضائية على خابا لمحاولةٍ منعه من تسمية نفسه «المومياء» على الرغم من أنّه هو الذي اشتهر أوّلاً. هكذا أقيمت محاكمة ضخمة شاهدها جميع الناس على أجهزة التلفاز.

المومياوتان وجهاً لوجه في المحكمة

في الواقع لم يكن ميخ يملك كثيراً من المال لذلك لم يستطع توكيل محامٍ بارعٍ مثل محامية خابا. وعندما انتهت المحاكمةُ حكم القاضي بفوز خابا.

كان على ميخ أن يتعهّد بعدم استخدام اسم المومياء الأصليّة أو المومياء الكلاسيكية أو أيّ اسم من هذا القبيل. في الواقع لم يُسمح له بأن يطلق على نفسه سوى اسم «مومياء» بأحرف صغيرة.

لفترة من الوقت حاول ميخ أن يجنيَ بعض المال من خلال اسم «مومياء» لكن في الحقيقة لا يمكنكم جني أيّ أموال باسم كهذا.

بدأ ميخ بالعمل في مدينة ملاهٍ ليليّة في شهر أكتوبر. غير أنّه لم يجد الأمر ممتعاً حقّاً لأنّه كان من الصعب جدّاً تخويف الناس هذه الأيّام.

مع ذلك لم يكن ميخ مستعدّاً للاستسلام. فقرّر أن يطلق على نفسه اسم الفرعون الميت للالتفاف على القرار الذي أصدرته المحكمة لكن اتّضح أنّه كان ثمّة بالفعل مصارع محترف بهذا الاسم وانتهى الأمر بعودة ميخ مجدّداً إلى المحكمة.

استمرّ نجاح خابا وبقيت أموره ممتازة لبضع سنوات لكن بعد فترة من الزمن أصبحت شخصيّة المومياء برمّتها مستهلكة وتوقّف الناس عن مشاهدة أفلامه.

في النهاية دخل مجال الكوميديا لكنّه مثّل في بضعة أعمال رديئة وكانت تلك نهاية مسيرته السينمائية.

ثم ادّعى أحدهم أنّه عثر على إصبع قدم في علبة رقائق حبوب المومياء وغرّمت المحكمة خابا بدفع تعويض بقيمة مليون دولار.

اتّضح أنّ الشخص الذي رفع الدعوى هو من اختلق الأمر برمّته، لكن على الرغم من ذلك لم يعد أحد يُقدم على شراء أيّ منتجات غذائية تحمل كلمة «مومياء» بعد تلك الحادثة.

سرعان ما بدأت أموال خابا في النفاد ولم يعد قادراً على تحمّل نفقات نمط الحياة الفاخرة التي اعتاد عليها. وبعد فترة اضطرّ لبيع طائرته الخاصّة وقصوره الثلاثة بسعر مخفّض.

وازدادت الأمور سوءاً عندما تركته زوجته وأخذت نصف ماله.

أخيراً، أصبح خابا في الحضيض عندما اضطرّ لبيع تابوته.

غير أنّ الأمور بدأت تتغيّر بالنسبة إلى خابا عندما التقى بعدوّه اللّدود القديم ميخ، الذي كان يعمل في توضيب الطعام في محلّ للبقالة.

تحدثت المومياوتان واتّضح أنّ كثيراً من القواسم المشتركة تجمع بينهما. هكذا أصبح خابا وميخ صديقَين وبعد فترة انتقل خابا للعيش في شقّة ميخ.

ومع أنّهما لم ينسجما دائماً كزميلَين في السكن، إلّا أنّ الأمر الوحيد الذي اتّفقا عليه هو أنّ التلفاز كان اختراعاً عظيماً حقّاً.

المشروع العلمي

كان ثمّة صبي صغير يُدعى فيكتور، غير أنّ فيكتور لم يكن طفلاً سعيداً.

كان ذلك منذ زمن طويل، قبل اختراع ألعاب الفيديو والتلفاز وما إلى ذلك. لذا لم يكن لدى فيكتور ما يرفّه به عن نفسه سوى الكتب. وبما أنّ كلا والدَيه كانا طبيبيَين، فإنّ الكتب الوحيدة التي كانا يحتفظان بها في المنزل هي تلك التي تتعلّق بالعلوم والطبّ ومواضيع من هذا القبيل.

الأمر الآخر الذي سبّب الحزن لفيكتور أنّ والدَيه لم يسمحا له باقتناء حيوان أليف. وبرّرا موقفهما بالقول إنّ فيكتور ليس مسؤولاً بما فيه الكفاية بعد لرعاية حيوان وأنّهما سيضطرّان للقيام بكلّ العمل بنفسَيهما.

وحتّى عندما وعد فيكتور بإطعام حيوانه الأليف وإخراجه للنزهة ثلاث مرّات في اليوم كانت الإجابة دائماً «كلّا».

كانت المدرسة المكان الوحيد الذي يفرح فيه فيكتور حقّاً. فقد كان ولداً ذكيّاً من كثرة قراءة كتب والدَيه، حتى إنّ مدرّس العلوم أكّد له أنّه إذا ما درس بجدّ فسوف يصبح عالماً مشهوراً يوماً ما.

لذلك عندما حان موعد معرض العلوم في المدرسة الإعدادية، تحمّس له فيكتور كثيراً.

عمل على مشروعه لمدّة شهر كامل وكان يأمل أن يكون المشروع جيّداً بما فيه الكفاية للفوز بالمركز الأوّل.

لكنّ ليزي ليغوت فازت بمشروع عن البراكين وكان فيكتور واثقاً من أنّ والدَيها ساعداها في إنجازه.

هكذا خرجت ليزي ليغوت من المعرض بميدالية المركز الأوّل فيما لم يحصل فيكتور سوى على شهادة تنويه سخيفة.

منذ تلك اللحظة، لم يعد فيكتور يفكّر سوى في معرض العلوم للعام القادم. فانكبّ على قراءة كتب والدَيه كلمة بكلمة، وبذل جهده لابتكار فكرة لمشروع جديد، لكن لم يخطر بباله أيّ شيء من شأنه أن يدهش الناس حقّاً.

ذات يوم وبينما كان فيكتور واقفاً أمام نافذة المنزل الخلفيّة ينظر إلى المقبرة الواقعة وراء بيته لمعت في ذهنه فكرة. بصراحة كانت الفكرة ملتوية نوعاً ما، لكنّ فيكتور كان واثقاً أنّه إذا استطاع تنفيذها، فإنّ مشروعه سيفوز حتماً بالمركز الأوّل في معرض العلوم.

أجرى فيكتور تجارب في علّية منزله كلّ ليلة استعداداً لمعرض العلوم. اعتقد والداه أنّه كان يقضي كثيراً من الوقت بمفرده وتساءلا عمّا إذا كان يجدر بهما أن يسمحا له باقتناء حيوان أليف في النهاية.

بعد مرور عام، حان الوقت أخيراً لمعرض العلوم الموعود، وأحضر فيكتور مشروعه معه إلى المدرسة.

وإذا كنتم تتساءلون من أين أتى فيكتور بالموادّ اللازمة لمشروعه العلمي، فلنقل وحسب إنّه من الأفضل أحياناً عدم الإكثار من طرح الأسئلة.

على الرغم من أنّ فيكتور أمضى عاماً كاملاً في إجراء التجارب إلّا أنّه لم يعرف ما إذا كانت جهوده ستثمر عن نتيجة بالفعل. الأمر الوحيد الذي كان واثقاً منه أنّه إذا فشِل فإنّه سيخسر أمام ليزي ليغوت للعام الثاني على التوالي. لذلك عندما اجتمع الحكّام حول المشروع، شبك فيكتور أصابعه وحرّك مفتاح الكهرباء.

آتت جهود فيكتور ثمارها أخيراً عندما دبّت الحياة في ابتكاره. وهذه المرّة فاز فيكتور بميداليّة المركز الأوّل في حين اضطرّت ليزي للاكتفاء بشهادة التنويه.

في الطريق إلى المنزل، كان فيكتور يشعر بالرضا عن نفسه. إلّا أنّه تمنّى لو فكّر قليلاً في ما سيحدث بعد انتهاء معرض العلوم لأنّه لم يكن يعرف ما يفترض به أن يفعل الآن بمشروعه.

خطر ببال فيكتور أن يلقي ابتكاره في المقبرة لكنّ مشروعه العلميّ لم يفهم التلميح.

التقط فيكتور عصا عن الأرض وألقى بها من فوق بوابة المقبرة. غير أنّ ابتكارَه اعتقد أنّها مجرّد لعبة وأعاد إليه العصا من جديد.

ما لبث فيكتور أن بدأ يستمتع بمشروعه العلميّ، ولعب الاثنان لساعات في الخارج. خلال ذلك اكتشف فيكتور أنّ أكثر ما يُعجب ابتكارَه أن يقوم بحكّ بطنه.

أخبر فيكتور أباه وأمّه عن ميداليّة المركز الأوّل التي فاز بها في معرض العلوم ففرحا كثيراً بابنهما. وعلى الرّغم من أنّهما شعرا بشيءٍ من القلق حيال مصدر الموادّ التي استخدمها فيكتور في مشروعه، إلّا أنّهما كانا يعرفان أنّه من الأفضل أحياناً عدم الإكثار من طرح الأسئلة.

سأل فيكتور والدَيه عمّا إذا كان باستطاعته الاحتفاظ بمشروعه العلميّ كحيوان أليف، وبعد أن وعد بإطعامه واصطحابه في نزهة ثلاث مرّات في اليوم استسلما أخيراً وقالا «نعم».

منذ ذلك اليوم أصبح فيكتور وحيوانه الأليف الجديد من أعزّ الأصدقاء ولم يفترقا عن بعضهما البعض ولو ليوم واحد.

أصبح فيكتور عالماً مشهوراً مثلما توقّع له مدرّس العلوم، وكانت أخباره تنشر بانتظام في الجريدة لسبب أو لآخر.

كلّ عام كان فيكتور يكبر قليلاً لكنّ حيوانه الأليف لم يتقدّم في السنّ. وعندما مات فيكتور أخيراً كان صديقه المخلص هناك إلى جانبه.

على مرّ السنين نسي الناس كلّ شيء عن فيكتور فرانكشتاين، لكنّ حيوانه الأليف أصبح مشهوراً نوعاً ما. أطلق عليه الناس لقب «حيوان فرانكشتاين الأليف» أو «وحش فرانكشتاين»، لكن بعد فترة أصبحوا يسمّونه «فرانكشتاين» وحسب. ولم يزعجه ذلك لكنّه جعله يفتقد نوعاً ما إلى صديقه القديم.

لم يعرف فرانكشتاين ماذا يفعل في وقت فراغه الآن بعد رحيل فيكتور لكنّه أدرك أنّه من غير الممكن للمرء فعل أيّ شيء بدون تعليم. لذلك ذهب إلى المدرسة، وبدأ من الصفّ الأوّل.

وعلى الرغم من أنّه كان أكبر سناً من الأطفال الآخرين إلّا أنّهم عاملوه كما لو كان واحداً منهم.

كان فرانكشتاين طالباً بارعاً وسريع التعلّم حتّى إنّه تخطّى بعض الصفوف. في المدرسة الإعدادية شارك في معرض العلوم واحتلّ المركز الأوّل تماماً مثل صديقه القديم فيكتور. وإذا كنتم تتساءلون من أين أتى بالموادّ اللازمة لمشروعه، فلنقل إنّه من الأفضل أحياناً عدم الإكثار من طرح الأسئلة.

خزانة
الأدوية

ريان فتى فضوليّ للغاية، يحبّ استكشاف كل زوايا وأركان الشقّة التي يعيش فيها مع أمّه وأبيه. وعلى الرغم من أنّه كان يدخل أحياناً أماكن لا تعنيه على الإطلاق، إلّا أنّ والديه لم يمانعا في ذلك على ما يبدو.

كانت أكثر غرفة يحبّ ريان استكشافها هي حمّام والدَيه، لأنّها تحتوي على كثير من الأشياء المسلّية في الأدراج المجاورة للمغسلة.

في بعض الأحيان، كان ريان يستخدم مثبّتات الشعر التي تحتفظ بها والدته لتسريح شعره بشكل مستقيم. وفي أحيان أخرى كان يصنع لحية من الرغوة بواسطة كريم الحلاقة الذي يستعمله والده.

من حين إلى آخر كان ريان يدهن مستحضر ترطيب ليجعل بشرته تبدو أكثر نعومة. وذات مرّة غطّى نفسه بضمادات الإسعافات الأولية من دون أيّ سبب.

كان والدا ريان سعدَين لأنّ ابنهما طفل فضوليّ ولم يغضبا منه يوماً لتجربة الأشياء التي يحتفظان بها في حمّامهما. إلّا أنّهما منعاه منعاً باتّاً من فتح خزانة الأدوية الموجودة هناك.

إذا كنتم تقولون الآن «لكن هذه القصّة تبدو مشابهة تماماً لقصّة الزنزانة» فأنتم مخطئون لأنّها مختلفة تماماً في الواقع.

على أيّ حال إذا كان ثمة أمر يجب عدم قوله بتاتاً لطفل فضوليّ فهو إلى أين لا ينبغي له الذهاب. هكذا في تلك الليلة انتظر ريان إلى أن خلد والداه إلى النوم ثمّ تسلّل إلى حمّامهما.

فتح ريان باب خزانة الأدوية بفضول كبير. كان يتوقّع أن يجد هناك شيئاً مثيراً حقّاً للاهتمام غير أنّه لم يعثر على الرفوف سوى على ملقط صغير ومقصّ أظافر وكرات قطنيّة وزجاجة من مستحضر التجميل.

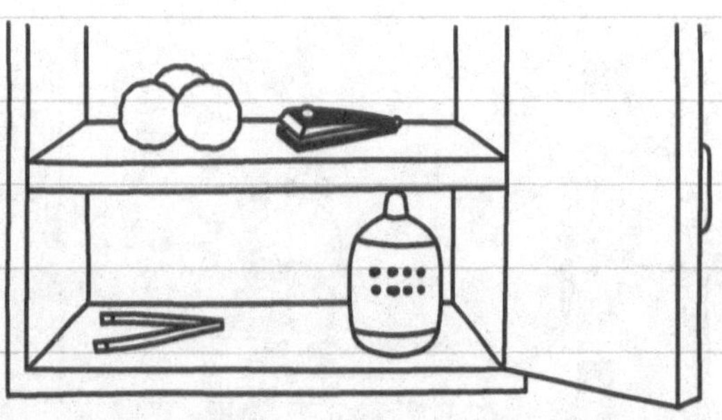

أصيب ريان بخيبة أمل لكنّه قرر استخدام مقصّ الأظافر لتقليم أظافره لا سيّما وأنّه لم يفعل منذ فترة. بعد انتهائه وضع بعضاً من مستحضر التجميل على خدّيه لمجرّد التسلية لا أكثر.

أدرك أنّه استنفد كلّ محتويات زجاجة مستحضر التجميل وباتت فارغة الآن. مع ذلك فضّل عدم رميها في سلّة المهملات لكي لا يعرف والداه أنّه عصى أوامرهما.

لذا أعاد الزجاجة إلى خزانة الأدوية وأغلق الباب. بعد ذلك تسلّل عبر غرفة والدَيه وذهب للنوم في سريره.

عندما استيقظ ريان في صباح اليوم التالي اشتمّ رائحة اللحم المقدّد والبيض الذي كانت والدته تعدّه في المطبخ. فذهب إلى حمّام والديه لتنظيف أسنانه كما اعتاد أن يفعل دائماً. لكن عندما نظر إلى المرآة شعر أنّه ثمّة شيء مختلف.

بدا شعر ريان أفتح لوناً بعض الشيء، تماماً كما كان عندما وهو لا يزال طفلاً صغيراً. وعاد النمش إلى خدّيه أيضاً. لكنّ أغرب ما في الأمر أنّ رأسه بدا أصغر حجماً من المعتاد.

شعر ريان بشيء من التوتّر. ففتح خزانة الأدوية وألقى نظرة عن كثب على زجاجة مستحضر التجميل تلك. وعندما قرأ الملصق أصيب حقّاً بالفزع.

في تلك اللحظة نادته والدته من المطبخ وأعلنت أنّ الفطور جاهز. لم يرغب ريان في أن يراه والداه وهو على هذه الحال لكي لا يعرفا أنّه عبث بخزانة الأدوية. فما كان منه إلّا أن ارتدى سترة ذات قبّعة وغطّى بها رأسه أثناء تناوله وجبة الفطور.

كانت والدة ريان معتادة على إعطائه قبلة دائماً قبل ذهابه إلى المدرسة. إلّا أنّ ريان أسرع اليوم بالخروج من الباب قبل أن تتاح لها الفرصة.

في الطريق إلى المدرسة شعر ريان بدوار بسيط.
فتفحّص انعكاس صورته على إحدى الواجهات لكنّه
تمنّى لو لم يفعل لأنّه بدا الآن أصغر بعد مما كان
عليه من قبل.

لذلك أعاد ريان تغطية رأسه بالقبّعة وقرّر اعتمارها
لبقية ذلك اليوم.

غير أنّ السيدة بيكلر معلّمة ريان لم تكن تسمح للأولاد باعتمار قبّعة في الصفّ ولذلك طلبت منه أن ينزعها.

توقّع ريان ألّا يلاحظ الأطفال الآخرون الاختلاف الطفيف الذي طرأ على مظهره. لكنّ الأولاد دائماً ما ينتبهون على الفور لهذا النوع من الأمور.

مع ذلك لا يبدو أنّ الآنسة بيكلر فوجئت حقّاً. إذ طلبت من ريان أن يأتي إليها ثمّ أعطته رزمة صغيرة وطلبت منه أن يأخذها إلى الحمّام.

عندما فتح ريان الرزمة وجد فيها صابونة مرفقة بملاحظة.

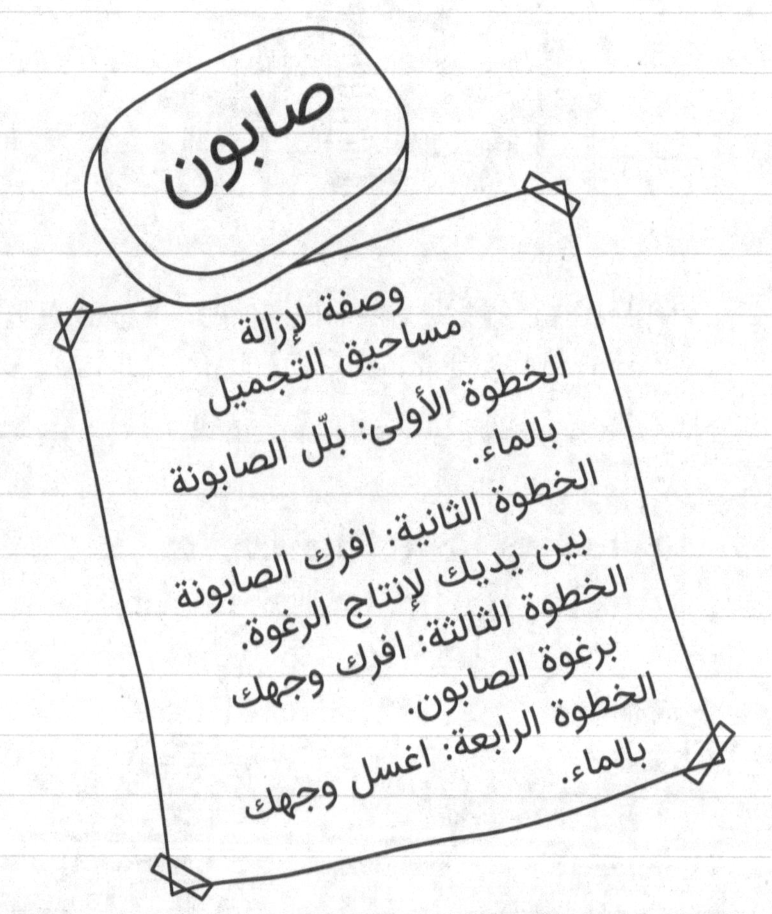

فرح ريان لأنّ الآنسة بيكلر لديها خبرة في هذا النوع من الأمور. فاتّبع التعليمات واضطرّ إلى تكرار الخطوات عدّة مرّات لإزالة أثر مستحضر التجميل بالكامل.

ولكن على الرغم من أنّ وصفة الآنسة بيكلر السرّية وضعت حدّاً لتراجعه المستمرّ في السنّ إلّا أنّها لم تُعده إلى ما كان عليه تماماً.

في طريق العودة إلى المنزل أدرك ريان أنّه لا مفرّ أمامه من إخبار والدَيه بالحقيقة كاملة. لكن عندما وصل إلى شقّته وجد شخصَين عجوزَين جالسَين في المطبخ ولم يعرف مَن يكونان.

في الواقع كان هذا اليوم صعباً بما فيه الكفاية بالنسبة إلى ريان لذلك انهار نوعاً ما.

لكن اتّضح أنّ العجوزَين كانا والدَيه في الحقيقة. وعندما رأيا ريان بهذه الحال طلبا منه الجلوس حتّى يتمكّنا من شرح ما يجري.

قال والدا ريان إنّهما أنجباه في سنّ متقدّمة وكانا يستخدمان هذا المستحضر السحريّ الذي يمنحهما مظهراً أكثر شباباً لأنّهما لم يرغبا في أن يبدوا أكبر سنّاً من الآباء الآخرين.

سأل ريان والدَيه عن سنّهما فأجابا أنّهما يبلغان 114 و112. ومع أنّ ريان وجد عمرهما متقدّماً جدّاً إلّا أنّه لم يشأ إيذاء مشاعرهما بل آثر الصمت.

قال والدا ريان بما أنّه استخدم مستحضر التجميل بأكمله فقد أصبحا عالقَين هكذا على الدوام. لكنّ ريان أكّد لهما أنّه لا يهتمّ كم يبدو عليهما التقدّم في السنّ لأنّه يحبّهما في جميع الأحوال.

ومنذ ذلك اليوم فصاعداً عاش ريان وعائلته حياتهما بسعادة. صحيح أنّ الناس في بعض الأحيان كانوا ينظرون إليهم بشيء من الاستغراب لكنّهم لم يكترثوا لذلك لأنّهم يملكون بعضهم البعض وكان هذا هو المهمّ.

الغزو

كان أهالي واحة الفرح من أسعد الناس على وجه الأرض. فقد عاشوا في مدينة جميلة ونظيفة وكان جميع من فيها لطفاء مع جيرانهم.

في أحد الأيّام وردت أخبار عن قيام الزومبي بغزو مدينة تقع في الجانب الآخر من العالم.

غير أنّ تلك المدينة كانت نائية جدّاً لذلك سرعان ما استأنف سكّان واحة الفرح حياتهم الطبيعيّة وعادوا إلى أشغالهم. وحتّى عندما توسّع غزو الزومبي، لم يكترث الأهالي كثيراً لأنّهم اعتقدوا أنّ حدوث شيء فظيع كهذا في مكان جميل مثل واحة الفرح أمر بعيد الاحتمال.

لكن عندما غزا الزومبي المدينة المجاورة لواحة الفرح لم يعد بإمكانهم تجاهل المشكلة والاستمرار بحياتهم وكأنّ شيئاً لم يكن.

فعقد العمدة اجتماعاً كبيراً وناقش الحاضرون ما يجب عليهم فعله.

اقترح الجيش تفجير الزومبي بالأسلحة. إلّا أنّ أحدهم قال إنّ هذا الحلّ لن ينجح ذلك لأنّ الزومبي أموات أساساً.

فاقترح العلماء بناء حقل طاقة عملاق حول المدينة لمنعِ دخول الزومبي. وعلى الرغم من أنّ الفكرة كانت مبتكَرة حقاً إلّا أنّ الجميع أكّدوا أنّهم سيستغرقون وقتاً طويلاً لمعرفة كيفيّة تنفيذها.

قالت إحداهنّ إنّ الشيء الوحيد الذي يسعى إليه الزومبي هو الأدمغة لذا ربّما ينبغي عليهم ببساطة إطعام الزومبي العلماءَ. وقد أحبّ الجميع هذه الفكرة في ما عدا العلماء.

بعد أن أصغى عمدة المدينة إلى الأفكار التي طرحها الجميع أخبرهم بفكرته.

قال إنّ كلَّ المدن التي حاولت منع الزومبي من دخولها قد فشلت، وبالتالي ليس بيدهم أيّ حيلة لمنع الزومبي من غزو المدينة.

لذا كانت فكرته تقضي بالسماح لهم بالدخول.

في البداية اعتقد الجميع أنّها أغبى فكرة سمعوها على الإطلاق. ولكن ما لبث العمدة أن أخبرهم بالجزء الثاني من خطّته.

قال بما أنّ الزومبي يعشقون الأدمغة، فإنّه يقترح استخدام قوالب بلاستيكية لصنع أدمغة مزيّفة من شيءٍ ما مثل التوفو.

لم يتغيّر رأي الناس بالفكرة بل اعتبروها غبية جدّاً لكنّهم لم يتمكّنوا من إيجاد أيّ حلّ آخر. وبعد بضعة أيام عندما وصل الزومبي إلى المدينة أخيراً كان أهالي واحة الفرح على أتمّ الاستعداد لهم.

في البداية استغرب الزومبي هذا الترحيب الحارّ لأنّهم اعتادوا على خوض قتال مع الناس.

إلّا أنّ ذلك لم يُحدث فرقاً كبيراً لديهم لأنّهم أتوا إلى هناك من أجل شيء واحد فقط.

عندئذ أعطى عمدة المدينة الضوء الأخضر ودخلت شاحنات الطعام.

اتّضح في الواقع أنّ الزومبي أحبّوا دماغ التوفو بقدر ما أحبّوا الدماغ الحقيقي. هذا يعني أنّ الزومبي يحبّون ببساطة أن يكون الطعام على شكل دماغ، تماماً مثلما يحبّ الأطفال الصغار أكل الأطعمة المصنوعة على شكل ديناصور.

ولو أنّ أحدهم اكتشف هذه الحقيقة منذ سنوات لما حدثت كلّ هذه المشاكل بين الناس والزومبي.

أحبّ الزومبي أدمغة التوفو كثيراً لدرجة أنّهم قرروا في نهاية المطاف البقاء في واحة الفرح. ولم يمانع أحد من الأهالي بذلك بل كانوا سعداء لأنّ الزومبي لا يأكلونهم هم.

بعد فترة بدأت الأمور تعود إلى طبيعتها في واحة الفرح. فرجعت الحياة إلى سابق عهدها تقريباً، ولكن الآن بوجود الزومبي.

في الواقع سارت الحياة على خير ما يرام. فحصل كثير من الزومبي على وظائف واستخدموا الأموال التي كسبوها لشراء منازل.

(ثمّ أدرك الناس والزومبي أنّ كثيراً من القواسم المشتركة تجمع بينهم وبدأ أطفالهم يلعبون مع بعضهم البعض.

ذهب أطفال الزومبي إلى المدارس وتعلموا هناك التحدّث مثل البشر. كما تعلّم البشر التحدّث مثل الزومبي، الأمر الذي لم يكن بتلك الصعوبة.

اكتشف البشر أنّهم يحبون الطعام على شكل دماغ شأنهم شأن الزومبي. وما لبثت أكشاك بيع هذا النوع من الأطعمة أن انتشرت في كل مكان.

لاحقاً بدأ الزومبي يترشّحون للمناصب المهمّة، وسرعان ما بات لدى مدينة واحة الفرح أوّل عمدة من الزومبي.

هكذا عاد الهناء يخيّم تدريجياً على واحة الفرح. لكن ذات يوم أظلمت السماء وظهرت سفينة فضاء عملاقة في أجواء المدينة.

في البداية أصيب الجميع بالذعر من هذا المشهد لأنّ أحداً لم يعرف سبب مجيء تلك السفينة. فما كان من العمدة الجديدة إلّا أن عقدت اجتماعاً عاجلاً لبحث ما يمكن فعله.

اقترح الجيش أن يستخدم على الفور كلّ أسلحته الثقيلة ويفجّر سفينة الفضاء في السماء. وقد أحبّ كثير من الأهالي هذه الفكرة.

غير أنّ العلماء أشاروا إلى أنّ المخلوقات الفضائيّة تملك على الأرجح أسلحة متفوّقة ولذلك لم يكن شنّ هجوم كهذا فكرة جيّدة. واقترحوا بدلاً من ذلك بناء حقل طاقة عملاق حول المدينة لحمايتها من الغزاة.

وما لبث أن تطوّر الجدال بينهم إلى أن تحوّل الاجتماع إلى اشتباك بالأيدي.

فاضطرّت عمدة المدينة للتدخل لتهدئة الجميع ثمّ ألقت خطاباً.

ذكّرت العمدة جميع الحاضرين كيف أراد أهالي واحة الفرح في الماضي منع الزومبي من دخول المدينة، وكم أصبح كلّ شيء رائعاً اليوم مع تعايش الناس والزومبي بسلام.

قالت لهم إنّ مدينة واحة الفرح كبيرة بما فيه الكفاية وتتّسع للجميع وعلى الأهالي إن كانوا أذكياء أن يسمحوا للمخلوقات الفضائيّة بالدخول.

دمعت أعين الناس لدى سماعهم خطاب العمدة وأيّد الجميع خطّتها. وفي اليوم التالي استقبلت المدينة المخلوقات الفضائيّة بأذرع مفتوحة.

في الواقع ثمّة نوعان من المخلوقات الفضائيّة، نوع جيّد وآخر سيّئ. ولسوء حظّ أهالي واحة الفرح، كان هؤلاء الغزاة من النوع السيّئ.

كانت المخلوقات الفضائيّة معتادة على خوض قتال أكثر شراسة مع البشر لكنّها لم تمانع إطلاقاً في الفوز بسهولة هذه المرّة.

بعد فترة بدأت الأمور تعود إلى طبيعتها في مدينة واحة الفرح. فرجعت الحياة إلى سابق عهدها تقريباً، ولكن الآن بوجود المخلوقات الفضائيّة.

وعلى الرغم من أنّ المخلوقات الفضائيّة قضَت على كلّ من البشر والزومبي، إلّا أنّها أبقت على أكشاك الطعام. فقد عشقت في الواقع أدمغة التوفو تلك.

العفريت

حسناً ربّما تكون بعض القصص الواردة في هذا الكتاب خيالية لكنّني أعدكم هذه المرّة بقصّة واقعيّة 100 بالمئة. وأنا واثق من ذلك لأنّها حدثت معي أنا شخصياً.

في الحقيقة وقعت هذه الحادثة معي أنا وصديقي العزيز غريغ هيفلي. ولكن ثمّة بعض الأجزاء التي لا يتذكّرها غريغ على الأرجح لذا عليكم أن تثقوا أنّني أخبركم بالحقيقة.

حدث ذلك في فصل الصيف عندما جاء غريغ لقضاء ليلة في منزلي. وكانت مناسبة هامّة جدّاً بالنسبة إلينا لأنّها كانت المرّة الأولى لنا منذ أن تورّطنا في المتاعب عندما تسلّلنا إلى الخارج آخر مرّة.

جعلَنا والدي نعده بالخلود إلى النوم بحلول الساعة 10:00 مساءً. وقد ناسبني ذلك تماماً لأنّني أبدأ بالشعور بالنعاس عند الساعة 9:30 على أيّ حال.

في الساعة 7:00 نزلت أمي إلى القبو حاملة بين يديها صندوقاً كبيراً من لوازم الفنون والأشغال اليدويّة لكي يكون لدينا ما نتسلّى به. فتحمّستُ للفكرة كثيراً لا سيّما وأنّني رأيت عبوتَين جديدتَين من الصمغ البرّاق في الصندوق.

لكن عندما خرجت أمّي، قال غريغ إنّ الفنون والأشغال اليدويّة مخصّصة للأطفال أمّا نحن فعلينا القيام بشيء ممتع بالفعل. وبالطبع لم أفرح بهذا الخبر لأنّني لم أتمكّن حتّى من استخدام الصمغ البرّاق.

بعد ذلك أخرج غريغ شيئاً غريباً من حقيبته. بدا لي أنّه فيلم مخيف وأخبرني غريغ أنّه أخذه من غرفة شقيقه رودريك.

قلت إنّ الفيلم يبدو لي مخيفاً جدّاً واقترحت أن نشاهد بدلاً منه ذاك الذي أعطاني إيّاه أبي وأمّي للتوّ.

غير أنّ غريغ اعترض قائلاً إنّ هذه الليلة للتسلية وليست يوماً مدرسياً ثمّ وضع فيلمه في الجهاز.

في الواقع تمنّيت حقّاً لو أنّنا ملأنا هذا الوقت بالفنون والأشغال اليدويّة لأنّ فيلم غريغ كان مرعباً بالفعل. فهو يروي قصّة أولئك المراهقين الذين وجدوا كتاباً يحتوي على كتابات قديمة وصور مخيفة.

وعندما قرأ أحد المراهقين الكتابات بصوت عالٍ خرج عفريت من الكتاب.

ثمّ دخل العفريت جسد أحد المراهقين ومنحه قوى شرّيرة.

ولا تسألوني حتّى عن نهاية الفيلم لأنّني جعلت غريغ يوقفه في منتصفه من شدّة الذعر الذي أصابني.

اعتقدت أنّ غريغ سيسخر منّي ويقول إنّني جبان لأنّني خفت إلى هذا الحدّ غير أنّه فاجأني حين أعلن أنّ الفيلم فظيع والمؤثرات الخاصّة بدت مزيّفة تماماً. بالإضافة إلى ذلك رأى أنّ القصّة غير منطقيّة على الإطلاق لأنّ المراهق الذي دخل فيه العفريت لا ينبغي أن يعرف كيف يقرأ الكلمات في كتاب قديم.

في الواقع بدت المؤثّرات الخاصّة حقيقيّة جدّاً بالنسبة إليّ، لكنّني أعتقد أنّ غريغ محقّ فعلاً بشأن اللغة القديمة.

سألته عمّا إذا كان من الممكن للعفاريت أن تدخل أجساد الناس في الحياة الواقعية فأجاب أنّ هذا المشهد أيضاً مزيّف.

ثم قال إنّه سيثبت لي ذلك وبدأ يردّد الكلمات التي قرأها أولئك المراهقون بصوت عالٍ.

في البداية لم يحدث شيء على الإطلاق فاعتقدت أنّ غريبغ ربّما كان محقّاً بشأن كون الفيلم مزيّفاً. ولكن ما لبث جسد غريبغ أن بدأ ينتفض وعندما فتح عينَيه بدا لي مختلفاً تماماً.

هكذا دخل عفريت جسد أعزّ أصدقائي. وعرفت أنّه إذا اكتشف والداي ذلك فإنّهما لن يسمحا لنا بالنوم عند بعضنا مرّة أخرى.

كنت آمل أن يخرج العفريت منه ويعود ليصبح غريغ من جديد لكن عبثاً تمنّيت. بدلاً من ذلك توجّه إلى الرفوف وعاث فساداً بالأغراض التي أمضينا أنا وأمّي طوال فترة ما بعد الظهيرة في ترتيبها.

ثمّ وقع نظر العفريت على صندوق الفنون والأشغال اليدوية وقبل أن أتمكّن من إيقافه صبّ كلّ جنونه على الصمغ البرّاق.

بعد أن انتهى العفريت من تخريب قبو المنزل اتّجه إلى الطابق العلوي. ولا شكَّ في أنّه يتمتّع بقوى خارقة أو شيء من هذا القبيل لأنّني لم أستطع إبطاء سرعته بأيّ شكل من الأشكال.

وإذا كنتم تعتقدون أنّ العفريت تسبّب في فوضى في القبو فيجب أن تروا الدمار الشامل الذي أحدثه في المطبخ.

كنت متوتّراً للغاية خشية أن يستيقظ والداي لأنّ العفريت كان يُحدث صخباً هائلاً وكانت غرفة نومهما تقع فوق المطبخ مباشرةً. لذلك حاولتُ إيجاد طريقة لإصلاح هذا الوضع بأسرع ما يمكن.

في تلك اللحظة تمنّيت حقّاً لو أنّنا شاهدنا ذاك الفيلم حتّى النهاية لأعرف كيف تخلّص أولئك المراهقون من العفريت.

إلّا أنّني لم أستطع العودة إلى الطابق السفليّ لإنهاء الفيلم لأنّني لم أرغب في ترك العفريت بمفرده هنا. لحسن الحظّ كان كمبيوتر أمّي المحمول على منضدة المطبخ فأجريت عليه بحثاً سريعاً. غير أنّني لم أعثر على أيّ إجابات مباشرة ويبدو أنّ المسألة بحاجة إلى شخص محترف على أيّ حال.

بحث: | كيف يمكن التخلّص من العفاريت

نتائج البحث (2.432.217 نتيجة)

تمديد الذراعين
طقوس يجريها رجل دين
استعمال الماء العجيب
استعمال الأعشاب لطرد الطاقة السلبية

نصيحة: | اعثر على طارد للأرواح الشرّيرة في منطقتك!

أشار أحد المواقع الإلكترونية إلى أنّه من الممكن التخلّص من العفاريت بالماء العجيب ولكنّ الساعة كانت تقارب 10:00 ليلاً وكنت وكنت متأكّداً تماماً من أنّ كلّ شيء مغلق في تلك الساعة.

بعد أن انتهى العفريت من إفراغ خزائن المطبخ من
كلّ محتوياتها بدأ يلاحقني. ومن الصعب في الواقع
أن يبقى المرء هادئاً عندما تطارده روح شرّيرة حول
طاولة مطبخ وهي ترميه بالبيض النيّئ.

لحسن الحظّ انزلق العفريت على بعض من مسحوق
صودا الخَبز المتناثر على الأرض وهذا ما منحني فرصة
للهرب. فركضت إلى الحمّام وأغلقت الباب ورائي.

لم أكن أريد أن يعرف العفريت أنّني مختبئ هناك لذلك أطفأت المصباح وبقيت هادئاً قدر المستطاع.

لكن لا بدّ أنّ العفاريت تتمتّع بحاسّة شمّ خارقة للطبيعة أو شيء من هذا القبيل لأنّه سرعان ما عرف مكاني.

خشيتُ أن يستخدم العفريت نَفَسه الناريّ لإحراق الباب. غير أنّه هدأ لفترة من الوقت ممّا جعلني أشعر بتوتّر أكبر.

فجأة سمعت خشخشة غريبة تصدر من مقبض الباب.

بطريقة ما اكتشف العفريت كيفيّة فتح القفل بمشبك ورق.

وما لبث العفريت أن فتح مقبض الباب ووقف أمامي. في تلك اللحظة لم أجد ما أدافع به عن نفسي سوى فرشاة المرحاض، فما كان منّي إلّا أن غمستها في المرحاض ورششتُ العفريت بالماء.

216

اتّضح أنّنا لسنا بحاجة إلى استخدام المياه العجيب تحديداً للتخلّص من العفريت. إذ لم تكد تمضِ بضع ثوانٍ حتّى عاد غريغ إلى طبيعته.

لسوء الحظّ استيقظ والداي بسبب كلّ تلك الضوضاء وأرسلا غريغ إلى منزله. وقد ناسبني ذلك تماماً لأنّني في الحقيقة أبدأ بالشعور بالنعاس عند الساعة 9:30 على أيّ حال.

ربّما لم يكن يجدر بي كتابة تلك القصص المخيفة لأنّني الآن مرعوب بعض الشيء. وربّما لم تكن كتابة تلك التعويذة هنا فكرة صائبة أيضاً لأنّ ذلك قد يتسبّب في بمشاكل لا تُحصى.

مع ذلك سأعرض هذا الكتاب على غريغ على أيّ حال لأنّني أشعر أنّه سيعجبه حقًّا.